LES HUIT ENSEIGNEMENTS MAJEURS DE LA NATURE

Titre original : *The Eight Master Lessons of Nature.*
Publié pour la première fois en anglais par Penguin Random House LLC.

Traduit de l'anglais par Laurence Le Charpentier.

ISBN : 978-2-8132-2456-9

www.editions-tredaniel.com
info@guytredaniel.fr
www.facebook.com/editions.tredaniel
@editions_tredaniel

Gary Ferguson

LES HUIT ENSEIGNEMENTS MAJEURS DE LA NATURE

POUR BIEN VIVRE DANS LE MONDE

Guy Trédaniel éditeur
19, rue Saint-Séverin
75005 Paris

DU MÊME AUTEUR

Land on Fire, Timber Press, 2016
Hawk's Rest, Torrey House Press, 2015
Through the Woods, Torrey House Press, 2015
Opening Doors, Save the Chimps, 2014
The Carry Home, Counterpoint, 2014
Decade of the Wolf, Lyons Press, 2011
Nature's Keeper, Sweetgrass Books, 2012
Shouting at the Sky, Sweetgrass Books, 2009
The Great Divide, W. W. Norton & Co, 2006
Spirits of the Wild, Clarkson Potter, 1998
Walking Down the Wild, Falcon Guides, 1997
Yellowstone Wolves, Falcon Press Publishing, 1996

Pour ma chère Mary,
qui me montre chaque jour
ce que signifie chercher – et découvrir – cette bonté
lumineuse et fiable en chacun de nous.

SOMMAIRE

PRÉFACE

Revenir chez soi

Il y a très longtemps, l'étendue mouvante des arbres et le murmure de l'eau apportaient un profond réconfort. Quand les chants retentissants des oiseaux et les croassements marmonnants des grenouilles nous rappelaient de prendre courage, que quoi qu'il arrive, nous étions toujours là, nous levant avec énergie le matin, le visage tourné vers le soleil. Nous savions alors quelle était la sève du printemps, montant brusquement dans l'églantier et le figuier, ainsi qu'en nous – nous pouvions la sentir, comme si, en quelque sorte, nous étions liés aux pousses tendres, comme si notre propre respiration était harmonisée au grand souffle vert de la Terre. C'était le moment où nous savions à peine où nous finissions, et où commençait le monde. Cris, chants, ronronnements et bruissements – composant ensemble une surprenante conversation.

Là où nous en sommes aujourd'hui, cela pourrait donner l'impression d'être un rêve. Mais, si souvent, de façon inattendue, nous sentons une excitation trépider profondément en nous, face à cette farandole ancestrale de sensations émergeant à nouveau, si accessibles quand nous étions jeunes, les yeux encore écarquillés sur le monde.

Je m'étais fait ma petite idée à ce sujet pendant mon enfance dans le Midwest, dans une petite ville dans le nord de l'Indiana, alimentée par le maïs, le ragoût et l'acier. Un endroit où la nature était servie à la petite cuillère : un jardin derrière notre maison, à peu près de la taille de deux canapés bout à bout, où je me retrouvais tout d'abord pieds nus, à observer les allées et venues des papillons et des abeilles. Un mince ruban d'herbe où, en été, à la nuit tombée, je me précipitais avec un pot de confiture pour ramasser des lucioles. Et les trottoirs de la 27e rue – en revenant de l'école, un après-midi maussade d'avril, le vent soufflant dans les érables, excité, à entendre ces gros boums de tonnerre qui résonnaient dans ma poitrine.

Vers 11 ans, je commençais à parcourir sur mon vélo Stingray mauve dix pâtés de maisons, à l'ouest de Potawatomi Park, où s'entremêlaient des rangées de chênes et d'érables aux troncs si énormes, qu'il m'était impossible de les entourer de mes bras, même de moitié. Dans une serre à proximité se trouvaient un bananier, des orchidées et un avocatier, et, juste à côté, un zoo minuscule avec un vieux lion, six paons fanfarons, une exposition de cafards (oui, vraiment !), et un âne qui s'ébrouait.

À l'âge adulte, après une quarantaine d'années à débarquer dans certaines des régions les plus sauvages du monde, entraîné sur plus de quarante-huit mille kilomètres dans l'intérieur du pays, vous pourriez imaginer que je considérerais ces modestes rencontres de mon enfance comme étant, eh bien, pittoresques. Mais pas du tout. Elles étaient d'envergure : aussi vitales à leur manière que les savanes ouvertes d'Afrique de l'Est, ou l'étendue ondulée, isolée, des régions reculées de Yellowstone, ou encore les confins froids, silencieux, de la toundra arctique.

Les lucioles, les abeilles et les chênes géants à Potawatomi Park m'incitèrent à m'ouvrir, m'initièrent aux fluctuations du monde, à cette playlist quotidienne de gazouillis, bourdonnements, grognements et souffles. Cela piquait ma curiosité, tout en me donnant la sensation extraordinaire d'en faire partie intégrante. Les chrysanthèmes dans la jardinière sous la fenêtre de ma chambre étaient, pour ainsi dire, programmés en fonction de ce que je ressentais vivement de ce qu'était l'été. Le cardinal dans notre érable était revêtu d'un plumage éclatant, ma nuance préférée de rouge. La tourterelle mélancolique dans le pommier à côté de l'allée de Carl et d'Yvonne Wilson roucoulait une chanson qui, dès la première écoute, semblait étrangement familière, rassurante.

Qui que vous soyez, ou quel que soit l'endroit où vous viviez enfant, il est plus que probable que, vous aussi, vous avez fait vos premiers pas afin de grandir et de vous développer parce que la nature vous a attiré, en vous séduisant, vers ce précieux travail consistant à s'épanouir. Que cela se présente par une bonne dose de ce qui est sauvage, par une toile d'araignée dans le coin de votre garage, ou encore par des pissenlits apparaissant par les fissures du trottoir, la nature nous interpelle tous.

Et voici l'essentiel : malgré ce qu'on vous aura peut-être incité à croire, une telle magie ne disparaît simplement pas, en se dissipant discrètement pour toujours, hors d'atteinte. Après tout, en évoluant par les diverses étapes de notre vie, nous procédons par *ajouts* quant à ce qui s'est précédemment produit, au lieu de le remplacer. Où que vous soyez à présent, que votre vie soit urbaine ou intérieure, la nature est toujours là pour vous – pour vous ancrer, vous inspirer, vous aider à devenir de plus en plus vous-même. Simultanément, le monde naturel demeure une source accessible d'enseignements essentiels, chacun d'eux nous aidant à mieux comprendre ce qui est vraiment nécessaire à la vie afin d'être florissante.

Ce qui suit permet en majeure partie de prendre connaissance de ce que la science découvre au quotidien sur le fonctionnement réel de la nature – et sur votre fonctionnement, également –, des découvertes qui nous permettent de comprendre plus pleinement ce que signifie d'être vivant dans ce monde. Mais ces pages parlent aussi de se faire des amies de ces émotions puissantes que la nature, souvent, suscite en nous – en nous y fiant pour être guidés vers ces facettes les plus profondes, les plus satisfaisantes, de notre être.

À la fin des années 1990, j'ai eu l'immense chance de faire la connaissance d'un homme de 65 ans de l'Utah, calme, charmant, et d'une intense curiosité, du nom de Lavoy Tolbert. Un ancien professeur de sciences, on ne peut plus apprécié de ses élèves, avec lequel beaucoup étaient restés en contact. Il avait passé sa vie entière à se promener dans les régions sauvages du sud-ouest des États-Unis. Même aujourd'hui, à 85 ans, toujours aussi épris de ce sol sous ses pieds, il passe presque autant de nuits à dormir à la belle étoile, sur un mince matelas, que dans sa chambre à coucher. Lors de nos entretiens, je l'ai souvent entendu dire combien les hommes s'étaient tournés vers la nature depuis des milliers d'années pour trouver réponse à leurs questions, apporter des ajustements à leur compréhension du monde, et, à partir de là, améliorer leur mode de vie. Ce que faisait aussi Lavoy. Pour lui, c'est une question de références.

« Réfléchis-y. Là, dehors, dans la nature, on constate 4,6 milliards d'années de succès – le meilleur de tout par excellence. Ce que le monde a créé de mieux, tout autour de toi, nuit et jour. Va te promener dans les bois, et tu marches parmi des champions ! »

C'est un peu comme ce fermier, me raconta-t-il avec plaisir. Chaque semaine, d'un mois au suivant, d'une année à l'autre, cet homme emmène son vieux cheval de labour au champ de courses pour qu'il concoure aux côtés des pur-sang. Un jour, un ami l'arrête pour lui demander pourquoi il continue à payer les droits d'inscription aux courses, tout en sachant qu'il ne gagnera jamais.

« Tu as raison là-dessus, dit le fermier en se frottant le menton. Ce vieux cheval n'a aucune chance. Mais pour sûr, il apprécie la compagnie. »

Dans les pages suivantes, vous aussi, vous serez en très bonne compagnie : des portions de nature, grandes et petites – au jardin, dans les parcs ou les contrées sauvages, mais aussi accompagnant de temps à autre ce vaste réseau de la nature qui *vous* constitue, un être qui, en vérité, est un autre exemple magnifique issu du pouvoir et de la grâce des forces créatives de la Terre.

Plus que tout autre chose, ce livre parle de revenir chez soi. Non pas simplement là où vous avez grandi ; non pas seulement au duplex en banlieue, avec la pelouse bien entretenue et l'abreuvoir en ciment pour les oiseaux ; pas seulement à cet immeuble d'appartements en brique, ou à la petite maison blanche de style Craftsman, dans une rue bordée d'arbres, au cœur de la ville. Pas seulement de retour à la vieille ferme avec sa grange, le tracteur vert et les vaches lunatiques. Non, cette maison plus grande, plus profonde, a un rapport avec cet intense sentiment d'appartenance qui émerge en retrouvant votre camaraderie naturelle avec les merveilles de la planète, avant d'apprendre comment vous laisser guider dans votre existence par cette amitié.

Ces temps-ci, quand on est extrêmement occupé – et il semblerait qu'en ce moment nous soyons beaucoup à être concernés –, on peut même avoir du mal à trouver le temps de s'arrêter pour tourner les yeux vers le ciel. Ou pour remarquer le parfum de la pluie. Ou pour savourer quelques secondes le caquètement des oies sauvages au-dessus de sa tête, s'encourageant mutuellement à voler vers des terres où passer l'hiver. Mais voici de quoi réfléchir : nous avons vraiment perdu notre connexion à la nature et à sa sagesse, au point que cela pourrait ne pas être qu'imputable au fait d'avoir la tête ailleurs. Il s'agit aussi de *la façon dont on nous a appris à penser.* Nous sommes comme ces gens au cours de l'histoire, en cela que la majeure partie de nos certitudes sur le fonctionnement du monde a été bricolée à partir de vues et de pratiques culturelles, y compris scientifiques, transmises de génération en génération. En ce qui concerne l'essence même de la nature, et de notre relation à notre environnement, nous avons largement accepté que les choses soient « simplement comme ça », alors qu'en réalité, ce n'est en rien le cas.

Par exemple, l'un des courants majeurs – une sorte de contre-courant, en réalité – qui nous entraîne malgré nous depuis au moins deux mille années, c'est l'idée que, en tant qu'êtres humains, nous nous démarquons de la nature. Nous lui sommes supérieurs. À partir de cette prise de position, il est bien trop facile de se retrouver passif envers la Terre, de s'en dissocier, voire de s'en lasser.

Simultanément, nous pourrions avoir rejoint ce groupe de personnes résolues qui entreprirent, il y a longtemps, de maîtriser une série fixe de lois physiques immuables de l'univers, l'objectif étant de prendre le contrôle sur ce qui pourrait s'avérer être une vie, ou une planète, désespérément imprévisible. Et il va sans dire, nous *avons* pris le contrôle dans une certaine mesure – loin d'être négligeable. Notre intelligence nous a apporté des tas de choses utiles – des lasers pour la médecine, des voitures rapides aux téléphones portables, des films et des blue-jeans, aux fusées pour Mars. Cependant, le long du parcours, nous avons cloisonné la vie et l'avons mise en quarantaine – ainsi que nous-mêmes – en la fractionnant en éléments de plus en plus petits, pensant atteindre au bout du compte la certitude.

Cette vision du monde ne correspond en rien à une réalité ultime, mais plutôt à un écheveau d'axes de perception individuels. Ce qui signifie qu'il nous est possible d'y faire des ajouts. En élaborant de multiples façons d'entrer en relation avec la nature, nous serons en mesure de dépasser le simple intellect, pour accueillir à bras ouverts les expériences sensorielles, les émotions et l'intuition. Il est évidemment possible de continuer à analyser, à désassembler, à faire des prédictions. Exception faite de tout ce qui devient plus restructuré lorsque l'on célèbre combien la vie est mystérieuse, dépassant l'entendement de tout un chacun. Curieusement, alors que l'on pense souvent que la science détient quasiment toutes les réponses, aujourd'hui, ce domaine incite particulièrement à vivre en se posant des questions. Pour la première fois, une vaste communauté de chercheurs éclaire le fait que notre monde émerge d'une série de rythmes et de relations extrêmement dynamiques et tentaculaires. Il devient d'autant plus limpide qu'à proprement parler, ce genre de choses, comme un arbre, un chien, un tournesol ou un homme, n'existe réellement pas. Du moins, pas de la façon dont on le conçoit depuis longtemps, en tant qu'êtres autonomes, indépendants. Nous façonnons – et sommes complètement façonnés par – cette vaste diversité de formes de vie et de processus avec lesquels nous partageons cette planète.

Un aspect particulièrement intrigant de ce changement dans le monde scientifique – de cette tentative pour libérer la science de ces cases intellectuelles dans lesquelles on l'avait cloisonnée – est la tentative par certains de faire fusionner la science conventionnelle à la sagesse indigène. Par exemple, Shawn Sigstedt, ethnobotaniste de Harvard, était dans les années 1990 l'un des premiers chercheurs non autochtones en augmentation à travailler avec des scientifiques autochtones, dont Frank Dukepoo, membre révéré de la tribu Hopi, professeur de génétique à la Northern Arizona University – une université publique située à Flagstaff, en Arizona. Sigstedt dit que cette collaboration lui ouvrit une telle perspective, que cela lui permit de voir le monde sous l'angle de la relation.

« La culture traditionnelle nous a permis de nous rendre compte de nos “points aveugles”, fit-il observer. La compréhension du monde vu par les autochtones – en tant que lieu de processus et de relation – est complètement différente de la nôtre. » C'est ainsi que Sigstedt entreprit de concevoir des recherches s'articulant autour de questions très différentes.

Et en modifiant ce que l'on demande, on change le monde.

Comme l'a indiqué Peter Senge, scientifique des systèmes de l'Institut de technologie du Massachusetts (MIT pour Massachusetts Institute of Technology) et auteur plébiscité, l'une des principales conséquences de notre perte de contact avec l'ensemble de la nature, c'est la perte de notre capacité à percevoir l'*interdépendance*. La plupart d'entre nous n'en ont même pas conscience.

Accueillir l'interdépendance permet d'aller au-delà de la connaissance de ce qui motive quelque chose, vers la façon dont ce quelque chose est capable de continuer à être motivé. Et cela, comme nous le montre actuellement la science, se résume aux relations : des champignons dans la forêt qui apportent des éléments nutritifs au sol, aux arbres qui germent et poussent à partir de cet azote, à ces arbres qui libèrent ensuite l'oxygène nécessaire à votre prochaine respiration.

Un certain nombre d'années plus tôt, en animant un stage d'écriture sur le thème de la nature dans le parc national de Yellowstone, j'ai eu l'immense plaisir de compter parmi mes élèves Sœur Helen Prejean, qui, lors de notre première rencontre, avait déjà reçu des éloges pour son travail auprès des démunis et des sans-abri. Sa correspondance avec deux meurtriers condamnés, Elmo Sonnier et Robert Willie, en faisait partie, des entretiens qui furent à l'origine de son remarquable livre, *Dead Man Walking*, adapté au cinéma sous le titre *La Dernière Marche.*

Le dernier jour, tout le groupe fit une randonnée le long de Specimen Ridge Trail, un sentier de vingt-sept kilomètres environ, modérément fréquenté, situé près du parc national de Yellowstone, dans le Wyoming, à destination d'Amethyst Mountain. Le paysage s'étendant sous nos yeux abondait de splendides panoramas des prairies de la vallée de Lamar de Yellowstone, rappelant celles du parc national du Serengeti, au nord de la Tanzanie. Des troupeaux de bisons circulaient au fond de la vallée. Des antilopes d'Amérique se reposaient par petits groupes à la lisière des bois de trembles, tandis que des buses à queue rousse les survolaient en faisant des pirouettes dans le vent. À un moment, lors d'une pause pour contempler la vue, Sœur Helen évoqua le concept religieux de l'Annonciation. Je n'avais entendu ce mot qu'employé en terme doctrinal, comme dans la célébration chrétienne de l'ange Gabriel annonçant à Marie qu'elle était destinée à donner naissance au Fils de Dieu. Mais Sœur Prejean en avait une interprétation beaucoup plus large. Pour elle, l'annonciation correspondait à l'acte de faire quelque chose de nouveau, de donner vie plus complètement à un idéal, en en faisant une réalité au quotidien.

Son interprétation de l'Annonciation offre la magnifique occasion de respecter la planète selon la définition des Grecs de l'Antiquité – c'est-à-dire par l'acte de « regarder à nouveau ». En effet, il est vraiment temps de regarder à nouveau – et, ce faisant, de commencer à réassembler le monde.

J'ai trouvé par hasard une histoire du début des années 1920 sur un jeune anthropologue envoyé à l'ouest de la Californie par l'université de Harvard, pour faire la chronique de la vie des Indiens Pit River – une nation au bord de l'extinction. Il enregistra leur langue pendant des mois, apprit toutes les histoires qu'ils étaient disposés à partager, et prit note en détail de bon nombre de leurs coutumes sociales. À un certain point, assis dans l'armoise tridentée à l'orée d'un village avec un groupe d'anciens de la tribu, il leur demanda quel était leur mot pour désigner les nouveaux arrivants sur le territoire – des gens comme sa propre famille et ses collègues, descendants de Blancs venus d'Europe et d'Angleterre.

Il se rappela plus tard comment les chefs de la tribu se regardèrent tour à tour, et lui signifièrent d'un hochement de tête leur refus de répondre. Ayant cependant fini par les en persuader, l'un des anciens prit une profonde inspiration et répondit :

« Notre mot pour désigner ton peuple est *inalladui. Inalladui.* »

Il est facile d'imaginer le jeune anthropologue répétant ce mot, en se délectant de sa sonorité fluide.

« Quelle magnifique expression ! », aurait-il pu répondre. Les anciens, quant à eux, en auraient sans doute levé les yeux au ciel.

« Cela signifie "vagabond", reprit le vieil homme. Quelqu'un qui n'est pas chez lui dans le monde. Ton peuple a traversé les terres si vite. Vous n'avez aucun intérêt pour entrer en relation avec les animaux, les plantes ou les peuples qui y vivent. C'est ce que nous ne comprenons pas. Nous pensons qu'une partie en vous doit être morte. »

Dans un sens, les Indiens Pit River ont raison : depuis très longtemps, une partie en nous est morte. Ou du moins, morte en cela qu'elle est insensible aux énergies essentielles qui nourrissent notre santé mentale et physique. Comme le fait observer Jane Goodall : « Il me semble qu'il existe une déconnexion entre la partie futée du cerveau, et l'amour et la compassion propres au cœur humain. » La tâche n'est pas de s'efforcer d'accomplir quelque chose de tout nouveau. Après tout, d'où viendrait cette nouveauté absolue ? Il est plutôt temps de réactiver cet enchevêtrement de perceptions qui se sont trouvées là tout du long.

Nous *sommes* la nature.

En ne faiblissant pas face à ce fait indéniable, en balayant l'illusion de longue date qu'il y a la nature « là-dehors », et qu'il y a nous, « ici », il nous sera possible de voir sous un nouveau jour certains de nos problèmes les plus perturbants et persistants. Et, tout aussi important, nous verrons la confirmation qu'au niveau même le plus profond, nous avons absolument tout ce qui nous est nécessaire.

Il est vraiment possible de remédier à notre relation à notre environnement, et grâce à ce rétablissement, de libérer une intelligence en formation depuis des millions d'années. Le voyage commence par huit enseignements – chacun s'apparentant à une fenêtre permettant de voir simultanément vers l'extérieur et l'intérieur, nous offrant des vues sur une réalité bien différente de celle dont nous nous sommes contentés toutes ces années.

1

PREMIER ENSEIGNEMENT

Le mystère : la sagesse commence par l'acceptation de tout ce que nous ignorons

En acquérant davantage de connaissances,
les choses ne deviennent pas plus compréhensibles,
mais plus mystérieuses.

Albert Schweitzer

Quand Albert Einstein se retrouvait coincé face à un problème – et pour dire la vérité, il s'est retrouvé coincé assez souvent –, il sortait fréquemment faire un tour. Pas dans quelque paysage sauvage isolé, mais dans une petite parcelle boisée sur le campus de Princeton, entretenue exclusivement pour lui, et appelée Institute Woods. On pourrait supposer qu'il essayait simplement de s'éclaircir les idées, comme nous sommes nombreux à le faire quand nous mettons le pied dehors pour changer rapidement de décor. Mais il s'agit là d'une histoire plus intrigante.

Une fois dans ces bois familiers, on raconte qu'Einstein s'arrêtait et regardait aux alentours, s'attardant sur les arbres et les arbustes, le ciel au-dessus de sa tête et les herbes à ses pieds. Au début, il avait essayé d'imaginer comment fonctionnait l'ensemble, en sachant pertinemment que cela lui serait impossible. Considérez que même aujourd'hui, plus de soixante ans après sa mort, nous ne comprenons toujours pas complètement tout ce qui se passe dans un mètre carré de terre, et d'autant moins dans une parcelle boisée. Mais là était l'objectif: il voulait *intentionnellement* se sentir submergé. Se retrouver désorienté. Stupéfié. Et ainsi, son intelligence mise à genoux, Einstein se retrouvait invariablement dans un espace plus ouvert, un terrain plus propice à l'intuition.

Regardez en profondeur dans les mystères de la nature, aimait-il dire, et vous comprendrez mieux.

Einstein, comme tant d'éminents scientifiques, savait qu'un problème n'aurait jamais pu être résolu sur le même plan où il s'était révélé à l'origine. C'est ainsi qu'il profitait des bois pour s'élever à un plan supérieur, moins défini, plus propice à la créativité. Toucher ce considérable mystère favorisé par ce petit bosquet tout simple lui permettait d'accéder à ce qu'il considérait être « la source de tout art véritable, de toute vraie science ». C'est ce qu'il disait aussi à ses étudiants, en leur recommandant, s'ils avaient le choix entre acquérir des connaissances ou cultiver une relation avec le mystère, de choisir le mystère.

Ce type de choix requiert une sorte d'intelligence bien différente de celle plus familière pour la société à l'époque d'Einstein, voire constituant pour elle un sujet de conversation plus confortable. Cependant, il était convaincu que ceux qui n'entraient pas en relation avec le mystère, ou ne le pouvaient pas, étaient « si ce n'est morts, alors tout du moins aveugles ».

Albert Einstein n'est pas la seule éminente personnalité encline à faire appel au mystère. En contemplant le ciel la nuit, Carl Sagan, le scientifique et astronome américain, affirma que la science n'était pas seulement compatible avec le mystère, mais en était l'une des sources profondes. Le mystère qui est révélé, dit-il, « lorsque nous reconnaissons notre place dans l'immensité en années-lumière et dans le cours des siècles, quand nous saisissons la complexité, la beauté et la subtilité de la vie, alors il paraît évident que ce sentiment flamboyant mêlant exaltation et humilité relève du spirituel ».

Le physicien contemporain Edward Witten, longtemps défenseur de la théorie des cordes, et probablement l'un des hommes les plus intelligents sur la planète, voit le mystère comme la couche la plus fondamentale de l'existence humaine. Pendant ce temps, Jane Goodall est toujours aussi peu disposée à n'expliquer la vie que par la vérité et la science. « Il y a tant de mystère. Il y a tant d'émerveillement. »

Si nous devons renouer amicalement avec le mystère, il serait judicieux d'en apprendre un peu plus sur ces situations où il aime se manifester. Là où il se sent totalement chez lui, il va sans dire, c'est dans les bras de l'émerveillement. Ce qui est chanceux, car, en vérité, nous vivons à une époque retentissant extraordinairement de « Waouh ! » scientifiques. Qui ne ressentirait pas un peu d'excitation en apprenant que les araignées peuvent voler grâce aux charges électriques dans l'atmosphère ? Redressées sur les pattes postérieures, elles projettent de la soie dans les airs. Cette soie chargée négativement repousse des charges négatives similaires dans l'atmosphère environnante, envoyant les araignées voler vers le ciel. Ou qui n'éprouverait pas un soupçon de perplexité en pensant que 99,999 99 % de notre corps correspond à un espace vide existant entre les électrons, les neutrons et les protons – chacun d'eux représente un élément des atomes qui nous constituent. De plus, si on se débarrassait de tout cet espace, la masse effective de votre corps – votre « substance » – serait insignifiante au point d'en être invisible. En fait, si on éliminait tout cet espace dans le corps de chaque être humain sur la planète, la masse qui en resterait correspondrait à peu près à la dimension d'un morceau de sucre.

Réfléchissez aussi une minute au fait qu'en descendant la rue aujourd'hui vous ne toucherez pas vraiment le sol. Il s'agit plutôt de la force magnétique des électrons dans vos chaussures qui repoussent les électrons dans le trottoir, ce qui signifie qu'à un plan prodigieusement rapproché, dans la vie, vous ne marchez pas du tout les pieds sur terre. Vous lévitez légèrement. Et n'oublions pas ce vieux classique : le fait que l'on puisse décoller de la Terre pour découvrir la fin de l'espace, voyager à plus de 160 900 km/h ces dix mille prochaines années, sans s'en être même rapproché de trois centimètres.

Ou que penser du fait extraordinairement étrange qu'aucun de nous n'est vraiment là ? Si la gravité dans l'univers avait été juste un peu plus importante, les étoiles qui se sont formées en raison de celle-ci en auraient été beaucoup plus petites. Notre soleil n'aurait peut-être duré que dix ou vingt mille années, s'éteignant en crépitant avant que nous, les hommes, ou toute autre créature, aient eu la moindre chance de venir à la vie. De même, si l'intensité de la force qui unit le noyau d'un atome était juste un peu plus faible, la diversité actuelle des substances chimiques dans l'univers n'existerait pas. Et en l'absence de cet éventail parfait de complexité chimique : aucune vie.

Loin de priver la nature de son enchantement – comme les premiers scientifiques du XVIIe siècle s'étaient promis de le faire –, dans la biologie, la physique, la médecine et l'écologie à l'heure actuelle, on le lui reconnaît de nouveau, ce qui, à chaque année qui passe, nous invite à percevoir un univers plus débridé. Ces dernières décennies, plus particulièrement, les scientifiques se sont mis à regarder au-delà du désir de maintenir constamment une certaine réalité, attirés plutôt vers la nature mystérieuse et fluide de la planète, et de la vie qu'elle favorise. Nous montrant à chaque jour qui passe comment les fonctions physiques, et même psychologiques de cette vie, sont vigoureuses, dynamiques et effervescentes.

Les découvertes de la science moderne sont plus que fantastiques pour en faire exploser notre intelligence, ce qui est primordial pour se lier d'amitié avec le mystère. Mais on ne peut pas réellement le voir de face. Cela requiert de regarder de côté, comme on ne peut voir que certaines étoiles à peine visibles qu'en y jetant un léger coup d'œil décentré. L'astuce, en d'autres termes, consiste à maîtriser les instruments de la perception.

Notre perception s'étend lorsqu'on prend conscience que la nature est engagée dans un jeu de grande envergure, consistant à passer les choses en va-et-vient, en une sorte de mystérieux flux et reflux, une apparition et une disparition magiques, que le philosophe Neil Evernden désigne par le rythme de l'échange. Une chose parle, pendant qu'une autre écoute. Une chose touche le sol, tandis qu'une autre décolle et vole. Une partie du système croît, pendant qu'une autre décroît. Une chose meurt, et une autre naît.

En reliant cette notion du « rythme-de-l'échange » au concept de la nature dans la Grèce antique – la *phusis*, se rapportant à la nature comme toute vie émergeant d'elle-même –, ce qui commence à miroiter à la limite de notre imagination, c'est une série indéfectible de mouvements symphoniques, tous reliés en une immense trame incompréhensible qui contient et s'étend à la fois, bien au-delà des points d'ancrage plus évidents de la vie quotidienne. En vérité, votre existence même ne dépend pas tant des « choses » que des rythmes de la relation qui transcendent les limites de votre enveloppe corporelle. C'est cette série d'interactions époustouflantes qui fait qu'aujourd'hui, par rapport à hier, tout ce qui est en vous et autour de vous est différent, tout se modifiant, émergeant et s'éteignant.

Par conséquent, si tel est le monde – un fleuve si impressionnant qu'il est impossible d'y mettre deux fois le pied au même endroit –, comment se fait-il que nous ayons autant de difficultés à le concevoir ainsi ? Pour commencer, réfléchissez au fait que pendant qu'Albert Einstein, Jane Goodall et Carl Sagan développaient leurs facultés de perception, et finalement leur inspiration, à partir de ce qui ne peut être vraiment connu, en accueillant le mystère à chaque tournant, des groupes fondamentaux de la société s'employaient essentiellement et sciemment à l'enfermer dans un placard. Et nos systèmes éducatifs en particulier étaient remaniés par des individus en fonction de certains placards les mieux rangés qui soient. Trop souvent, l'école rogne les ailes de l'émerveillement chez nos enfants, leur inculquant plutôt de régurgiter les faits. Musicalement parlant, on pourrait dire que l'orchestre de l'école nous a confié un bâton et un seau en plastique sur lequel taper, alors que nous sommes nés pour jouer du piano à queue.

Pour être juste, l'éducation n'a pas toujours été ainsi. À certaines époques, on procédait différemment, en choisissant d'intensifier cet émerveillement. Comme lors de l'enthousiasme aux États-Unis, entre 1910 et 1920, pour les jardins plantés à l'école. Ce mouvement, en partie lancé par des personnes ayant quitté les fermes pour venir vivre en ville, allait bien au-delà du fait de faire prendre conscience aux enfants de la provenance de leurs aliments. À l'image du mouvement actuel des jardins d'école, à l'époque, ceux-ci étaient considérés comme un moyen de développement, à partir de la relation naturelle à la nature chez l'enfant, en s'en servant comme référence pour une curiosité nourrissante. Une curiosité jugée essentielle pour développer l'aptitude à la pensée critique.

Assurément, au fil du temps, un enfant pourrait très bien finir par comprendre pourquoi un papillon visite certaines fleurs au jardin, ayant saisi que c'est le seul insecte avec une trompe assez longue pour en butiner le nectar. Mais bien avant cela, il y aurait le papillon en soi, voltigeant avec ses ailes veloutées de la couleur du crépuscule et des feuilles d'automne, provoquant un vif désir de regarder en profondeur – et, ce faisant, de commencer à apprendre. Comme la biologiste Rachel Carson le dit, pour guider les enfants, cela aiderait de se rappeler que, pour eux, ce n'est pas aussi important de savoir que de *ressentir.*

« Si les faits sont les graines qui produiront plus tard connaissance et sagesse, alors les émotions et les impressions sensorielles sont le terreau fertile dans lequel les graines doivent germer et grandir. »

Elle avait raison. Et elle a toujours raison. En fait, selon une étude récente effectuée chez American Institutes for Research (une organisation non partisane à but non lucratif de recherches en sciences comportementales et sociales), les enfants qui participaient à des cours en plein air avaient en moyenne de meilleurs résultats à l'interrogation de sciences naturelles, à hauteur de 27 %, remarquablement.

Quant à moi, j'ai eu de la chance. Nous avions un petit jardin derrière la maison, quelques arbres, et certains de mes professeurs étaient excellents. Ça poussait. À 16 ans, je pouvais parler de toutes sortes de sujets à propos de ce qui se passait dehors. Je vous aurais montré les six rangées de petits pois du minuscule potager de ma mère, j'aurais creusé dans la terre avec un déplantoir pour vous présenter un enchevêtrement de racines couvertes de petites bosses et de nodules. Grâce à mon professeur de sciences, M. Longenecker, j'aurais pu vous expliquer comment ces nodules sont produits par une autre forme de vie, une bactérie qui assure l'apport en azote issu du sol, et de surcroît, que cet azote est un engrais hors pair. Nous aurions pu parler de la façon dont les bactéries prospèrent en se nourrissant des amidons et des sucres que produisent les feuilles de petits pois. Et d'autant plus sympa, que ces feuilles nourrissent les pucerons, qui nourrissent les coccinelles, qui nourrissent à leur tour le rouge-gorge qui me réveillait chaque matin de l'été en chantant de tout son cœur dans l'érable.

À 20 ans, avec deux ans d'université à mon actif, j'aurais pu vous en raconter d'autant plus. En remarquant les fourmis qui grimpaient et descendaient le long des tuteurs à tomates de ma mère, j'aurais été plus qu'enthousiaste de vous expliquer comment les arbres, surtout sous des climats plus arides, les employaient comme gardes du corps. Et que cela fonctionnait ainsi : les cochenilles extraient la sève sucrée des feuilles pour leur dîner, sans nuire à l'arbre, avant d'excréter ce qui ne leur est pas utile, laissant ainsi plein de sucre à disposition pour les fourmis. Celles-ci, si contentes de cette abondance, supervisent des « troupeaux » de cochenilles, en les faisant se déplacer autour de l'arbre, de-ci de-là, comme autant de moutons. Ainsi en troupeaux, les cochenilles sont heureuses. Les fourmis aussi. Ainsi que l'arbre, qui en bénéficie du fait que ces dernières, plutôt féroces, entreprennent de repousser tout intrus ayant l'intention de s'établir dans le secteur pour se nourrir de ses feuilles.

Grâce à quelques bons livres et d'excellents professeurs, j'aurais pu parler de tout cela. Mais, essentiellement, ce fut grâce au fait, alors petit garçon, d'avoir été complètement attiré par les couleurs et les formes des tulipes et des géraniums, charmé par le vol pesant des bourdons, captivé par le déplacement ondulant des chenilles, et les tortillements des vers contraints de sortir de terre après une pluie typique de l'Indiana.

La prochaine fois que vous vous aventurez sous les arbres, que, par une nuit sans lune, vous levez les yeux vers un ciel rempli d'étoiles, ou même en ne faisant rien de plus que vous agenouiller dans le jardin, soyez sûr qu'il y a à nouveau une chance d'être inspiré à entrer dans de tels royaumes des merveilles. C'est essentiellement une question de sortir des sentiers battus.

Tout d'abord, ne faites simplement aucun bruit. C'est par cela qu'Einstein commençait quand il se rendait à la parcelle d'Institute Woods, où il prenait une ou deux respirations, en portant un regard apaisé sur toute la vie qui l'entourait. Il est vrai que si vous êtes en général comme moi, vous avez peut-être l'impression d'être constamment piégé dans un flot impressionnant d'obligations et de distractions – ce qui pourrait rendre plus difficile pour vous que pour Einstein d'accéder à un état calme, méditatif. L'idée même de calme pourrait être un peu rébarbative, semblant ouvrir la porte à ce qui prête à confusion – quelque chose d'un peu obscur et délicat. Parfois, le calme et la tranquillité s'installent quand on se dit qu'on devrait vraiment faire les choses différemment. Cependant, gardez à l'esprit que le niveau d'anxiété diminue, même chez les souris, dans un environnement calme, ne serait-ce que quinze minutes. La tranquillité permet d'entrer plus profondément en relation avec le monde. Cela nous permet de nous apaiser, en laissant quelques minutes en arrière-plan notre esprit anxieux qui parle beaucoup pour ne rien dire. Le mystère réside au-delà du bavardage mental, c'est aussi simple que ça.

Vous ne vous en souvenez peut-être pas, mais quand vous étiez enfant, vous maîtrisiez ce genre de concentration intensément profonde. Vous étiez par nature un apprenant expérientiel – n'ayant nul besoin de vous sentir obligé de faire entrer ce que vous voyiez, entendiez ou ressentiez, dans ces cases qu'on avait délimitées pour vous. Debout sous les branches gracieuses d'un érable, la façon dont vous vous faisiez naturellement votre idée du monde vous aurait permis d'assimiler les branches, les feuilles et le tronc, mais aussi l'oiseau, l'écureuil et les fourmis, ainsi que le bruit du vent et le scintillement des rayons du soleil transperçant le feuillage. Et comme à cette période de votre vie, les murs vous séparant du monde étaient moins épais, l'habitude culturelle de séparer les hommes de ce qui les entoure n'étant pas encore bien ancrée, le tableau d'ensemble, le plus merveilleusement qui soit, vous contenait en quelque sorte aussi – l'enfant occupé à regarder. En ce moment, vous avez peut-être l'impression que ce gamin ou cette gamine a depuis longtemps disparu. Mais ce n'est pas vraiment le cas. Au cours d'une vie, s'ajoutent d'innombrables éléments de connaissance et d'angles de vue sur qui l'on a été. Cependant, votre capacité à vous laisser pousser par la curiosité pour vous rapprocher du monde, à vous laisser guider tout d'abord par l'intelligence, mais accompagnée par l'émerveillement, est toujours à votre portée. Mieux encore, à l'âge adulte, vous pouvez tisser consciemment votre sentiment inné d'émerveillement à chaque aspect de votre vie – en renforçant votre sentiment de contentement, en égayant vos relations. Finalement, cela se résume à vous investir, muni de votre capacité à considérer le monde d'un point de vue plus large et plus en profondeur – des talents de perception qui se retrouvent obscurcis par les exigences de la vie moderne.

METTEZ VOS SENS À CONTRIBUTION

À la fin des années 1970, peu de temps après avoir commencé mes errances, libre comme l'air, en pleine nature dans les montagnes Rocheuses, je me surprenais à m'arrêter de temps à autre pour écouter le vent, les yeux clos. En fait, je devins pour ainsi dire un spécialiste du vent. En me promenant dans le chaînon Sawtooth dans l'Idaho, ou sur les pics ciselés du chaînon Teton, je commençais à percevoir le vent comme un souffle – inhalant en remontant des canyons le matin, exhalant en traversant les hautes prairies en milieu d'après-midi. De surcroît, ces vents se déversant, alimentés par le réchauffement et le refroidissement dans la journée, produisaient une diversité de compositions musicales, en fonction des branches, des feuillages et des troncs qui poussaient là. Il y avait le rude chant chuchoté des pins tordus latifoliés, ainsi que le sifflement rappelant une vague du sapin de Douglas. Il y avait le babillage proche d'un ruisseau des feuilles des trembles, se démarquant totalement des rythmes vifs, battants, de l'aulne rugueux. Dans les plaines, on entendait le son dur, cinglant de la sauge, et le bruissement satisfait du blé en herbe. Puis, près du sommet du monde, juste en dessous de la toundra, je percevais la musique du sapin subalpin, accordée au fait que les branches face au vent, rabattues par les intempéries, ne laissaient à se tortiller dans les airs que les pousses dans le sens de son souffle.

Grâce à ce seul acte simple d'affiner l'un de mes sens, je percevais l'émergence d'autres sons en fond sonore : les cônes de pin rongés dans les arbres par les écureuils roux, qui dégringolaient de branche en branche, avant d'atterrir dans les aiguilles, le souffle court à peine audible. Le crissement et le gémissement délicats des troncs frottant l'un contre l'autre au loin. L'écoulement d'un filet d'eau. Le balayage des ailes des corbeaux me survolant.

Il en va de même avec le toucher. L'air frais, humide, près d'un ruisseau, contre votre peau. La chaleur du soleil sur vos paupières. L'écorce ridée d'un vieux chêne effleurée du bout des doigts. La couche lisse, poudreuse, sur le tronc du tremble ou du bouleau à papier. L'herbe fraîche, couverte de rosée, contre la plante de vos pieds nus.

Puis se présente la grande diversité de senteurs dans la nature : celle vanillée de l'écorce du pin ponderosa ; la suavité persistante de l'onagre et du seringa ; la note sèchement poivrée des aiguilles de pin, et la forte odeur de la sauge ; le parfum somptueux, grisant, d'une prairie après une bonne pluie. Les roses. Le mélilot officinal. Les feuilles de pissenlit. Mieux vaut savourer tout cela les yeux clos, tout comme une tasse de café le dimanche matin, ou des viennoiseries à la cannelle tout droit sorties du four.

Il est si important de recommander de prêter attention aux sons, aux odeurs et aux sensations tactiles issus de la nature, cependant, la plupart d'entre nous ont tendance à se concentrer sur son *aspect apparent.* Comment autrement nous pâmer en contemplant le lavis ambré de la lumière d'automne dans une forêt, ou en suivant la danse des oiseaux rentrant se percher pour la nuit ? Comment se retrouver muet d'admiration en voyant un cerf franchir sans effort d'un bond aérien une clôture ou des arbres couchés, ou une procession de formes se précisant puis se dissipant dans les nuages d'été ? Mais encore, quand il s'agit du mystérieux, ne compter que sur la vue pourrait s'avérer être un boulet. Une bride au niveau du cerveau.

En réalité, cette bride particulière fut initialement ajustée à notre aptitude à l'attention par les Grecs de l'Antiquité.

Imaginez que vous traversez l'ancienne Athènes par une belle journée de printemps. De longues bandes de jardin bien entretenues bordent l'allée pavée, parsemées de fleurs de pommier, de marjolaine et de thym. Juste devant vous, en suivant un léger tournant, une série de marches en pierre mène à un petit théâtre où Anaxagore, l'érudit très estimé, est assis avec une dizaine de jeunes élèves enthousiastes. Comme cela se passe souvent, l'un des élèves – curieux de cette façon agitée, urgente, propre à la jeunesse – va droit au but :

« Quelle est la raison d'être d'une vie humaine ? », demande-t-il à Anaxagore.

Ce dernier ne perd pas un instant.

« De regarder, dit-il. De regarder le ciel, les étoiles, la lune et le soleil. »

Les érudits de la Grèce antique regardaient énormément. Et grâce à leurs observations patientes, assidues, ils parvinrent à comprendre bien des choses : comme entrevoir comment expliquer les éclipses lunaires, faire des hypothèses sur les météores, la foudre et les arcs-en-ciel, observer comment l'eau circule et comment l'exploiter pour tout mettre en mouvement, des moulins aux orgues hydrauliques. Ils observaient les choses très attentivement, en profondeur, dans l'intention de découvrir une réalité vérifiable. Ce qui s'avéra être à la base même de certains accomplissements d'envergure. Notre propre science s'en réjouit encore aujourd'hui. Un siècle après qu'Anaxagore, assis sur ces bancs en pierre, eut enseigné à ses élèves, Aristote déclarait que l'existence idéale pour l'homme, c'était la vie théorique – venant du mot grec ancien *theôría,* ou *regard sur les choses, contemplation.* Et plus particulièrement, de regarder de façon attentive, mais simultanément toujours indépendante. Nettement détaché de l'objet de son attention.

Cette vision était plutôt particulière. Et maintenant, elle nous appartient. Profondément enracinée dans la croyance que l'observateur est séparé de l'observé. Le regard prétendument objectif. Un moyen de se dissocier. La bride.

Rien ne sert d'ignorer ce que ce type d'approche pédagogique peut produire. Cependant, c'est une très bonne nouvelle que la science actuelle renonce à la certitude que cette façon de voir les choses représente tout ce qu'il nous est possible de savoir. Il nous a fallu beaucoup de temps pour l'admettre, mais l'objectivité n'a jamais permis de se faire une idée du tableau d'ensemble.

Pensez à une fillette de 3 ans se retrouvant un matin ensoleillé au pied d'un gigantesque sapin – qu'elle n'avait jamais remarqué auparavant. Les anciens Grecs, et ceux qui marchèrent sur leurs pas, diraient que ce qu'elle apprend sur cet arbre, en cet instant, vient de l'observation directe, focalisée vers l'extérieur. Cet arbre est plus grand que l'autre là-bas, mais plus petit que celui dans son jardin, devant chez elle.

Mais à présent, on commence à comprendre que quelque chose de bien différent se passe. Au lieu d'observer simplement son environnement, il est probable qu'elle fasse l'expérience de la verticalité et de la hauteur de l'arbre devant elle, en le *ressentant* subconsciemment par rapport à sa propre position et à sa taille dans l'espace. En d'autres termes, non seulement elle vit une expérience au niveau cognitif, mais aussi motivée par tout son corps.

Sa relation avec l'arbre est transmise à son cerveau, non pas comme une photo comparable à celles d'autres arbres, ce qui est à quoi s'attend le regard objectif, mais plutôt comme des paquets d'informations multisensorielles. Vingt ans plus tard, en présence du déclencheur adéquat – comme l'odeur de la résine de pin, ou même en tendant le cou pour regarder les branches supérieures d'un arbre –, ces paquets issus de ce sapin, il y a longtemps, pourraient être instantanément réactivés, enrichissant ce que vit en cet instant la jeune femme d'un mélange plutôt mystérieux de bien-être et de complexité.

Au lieu que nos pensées soient séparées de notre corps, comme on le présumait depuis l'Antiquité grecque, celui-ci pourrait par moments les *stimuler*. Une idée intéressante. En exposant votre corps à la nature, et une fois là, en sollicitant l'ensemble de vos sens, vous pourriez bien assembler un bon paquet de puissants symboles, vous permettant de déterminer un nouveau moyen bien différent, très intrigant, de faire l'expérience du monde et de son mystère, dans les jours et années à venir.

En fermant les yeux de temps en temps, et en recourant au toucher, à l'ouïe, à l'odorat ou même au goût, votre parti pris d'ordre visuel sera en partie désactivé. Les odeurs, les sensations tactiles et les sons sont moins limités que ne l'est la vue. En fermant les yeux et en enfouissant le nez dans une fleur d'églantier, après tout, il n'y a vraiment aucune notion qu'il y ait un « renifleur » ou un « reniflé ». On finit plutôt par s'investir de telle sorte que la sensation enchantée d'une étreinte mutuelle est suscitée.

LE FLOT DE PENSÉES

C'est l'automne dans les bois. Vous connaissez sûrement ce sentiment. L'été terminé, le vent ne frappant pas encore à la porte. Le monde exhalant. Un contentement tranquille teinté d'un soupçon de mélancolie. Ce moment évoque peut-être l'heureux souvenir de jouer au football américain simplifié, emmitouflé dans un sweatshirt, ou de plonger avec abandon dans un tas de feuilles. Ou si, comme moi, vous êtes un geek, il s'agira peut-être davantage de vous retrouver pris par ce qui est en fait à l'origine de ce parfum automnal – comment la litière de feuilles mortes est tranquillement ingérée par les champignons et les bactéries, ou comment l'air froid a atténué bon nombre des senteurs qui rivalisent habituellement dans le paysage, faisant ainsi émerger au premier plan cette odeur de décomposition suscitant la mélancolie.

Rien de tout cela n'est amusant, intéressant, satisfaisant. Mais la prochaine fois que vous serez en plein air, et que ces pensées se présentent, voyez si vous pouvez les savourer une minute, avant de les laisser partir. Laissez-les s'éloigner comme autant de graines duveteuses de pissenlit. Voyez si vous parvenez à percevoir le monde qui vous entoure d'un point de vue supérieur – afin d'avoir une vision de la vie dépassant votre flot de pensées.

LES FAUX CHOIX

Quelques années plus tôt, dans une petite ville du Montana, je prenais une tasse d'espresso dans un café avec un couple à la fin de la quarantaine, les propriétaires d'un ranch. L'homme était un peu d'humeur grincheuse ce jour-là, contrarié par ce qui était alors une arrivée en masse de nouveaux venus dans l'État.

« Ils tombent amoureux des grands espaces, marmonnait-il. Mais ils ne pensent jamais que ces grands espaces le sont grâce à l'agriculture et aux ranchs. Ils emménagent pour finir par se plaindre de la poussière des labours et des cloches du bétail. Ils sont tous cinglés. »

Son épouse le regarda en hochant la tête. « Certains sont comme ça, dit-elle, mais pas tous. Dire qu'ils le sont tous, c'est un raisonnement paresseux. »

« Ce n'est pas paresseux, répliqua son mari. C'est efficace. »

Elle avait raison. Tout comme lui, d'une certaine façon. Beaucoup de recherches actuelles effectuées sur le cerveau laissent entendre que la plupart d'entre nous sont particulièrement et précisément enclins à ce type de réflexion économique dont fit montre ce rancher. Lors de conversations, on emploie souvent une sorte de sténo, une façon simplifiée de parler du monde ne requérant que très peu d'effort. Et on y recourt avec d'autant plus d'enthousiasme en pensant parler à quelqu'un partageant les mêmes vues que soi sur le monde. On catégorise des groupes entiers de choses, dont les gens, comme ayant certaines particularités, alors qu'en réalité, tout groupe est nuancé et complexe.

Alors qu'en fait, il ne s'apparente à rien de moins qu'à une étendue authentiquement sauvage.

Nous alimentons ces « impératifs catégoriques », comme on les appelle parfois, par une pensée « binaire » profondément enracinée : libéral ou conservateur, brillant ou ignorant, vif ou lent d'esprit, hétéro ou homo, Noir ou Blanc, bien ou mal, nous ou eux.

Il s'avère que cette habitude est issue d'une partie de notre cerveau, le lobe frontal. Il est d'une grande utilité. Il vous permet d'identifier un problème au travail, puis de lancer des idées avec vos collègues pour trouver comment y remédier. De surcroît, grâce à votre lobe frontal, vous vous présenterez au bureau le lendemain, avec un profond souvenir de ce que chacun a dit à la réunion la veille, avant de vous mettre en fait au travail pour mettre en œuvre les solutions. Puis, le soir venu, en rentrant chez vous, si vous voyez des voitures remonter en marche arrière Hampton Avenue, l'expérience passée pourrait vous signaler qu'un bouchon est probable sur l'autoroute inter-États en direction du nord. En utilisant votre lobe frontal, vous décidez plutôt de prendre la route par Martin Luther King Boulevard. En recourant au lobe frontal, il est possible de segmenter le monde, en maintenant relativement à l'écart ces choses ayant besoin d'attention dans l'immédiat.

Même les animaux le font. Mervin, le chat, ayant subi une fois la colère de Hank, le bulldog du voisin, archivera cette expérience et filera comme une flèche au premier aperçu du chien. Ayant catégorisé Hank comme étant dangereux, Mervin évite ainsi de se prendre une raclée. De même, les loups ayant eu affaire aux chasseurs et aux trappeurs, en étant témoins directs de ce que ces hommes font à leur meute, apprendront vite à adopter radicalement le mode furtif dès que des gens sont en vue. En revanche, si votre golden retriever – un parent éloigné des loups – reçoit des friandises de votre sœur chaque fois qu'elle passe vous voir, vous pouvez être sûr qu'il restera à ses côtés dès qu'elle aura franchi la porte. Votre chien a catégorisé votre sœur – et probablement toute personne qui l'accompagne – comme un être humain sympa qui dispense des friandises. Et cela fonctionne à merveille. Catégoriser vient d'un plan de certitude perçue. Cela se rapporte à ce qui ne requiert pas de vous, de votre chat/chien ou de ces loups, d'investir du temps ou de l'énergie pour y réfléchir.

Mais tout aussi utile que soit le fait de catégoriser, cette utilité peut rapidement se désintégrer quand on l'applique à ce dont on ne peut pas être du tout certain. Comme à tout aspect de la vie recélant le mystère. Dans la pensée catégorique, les limites sont établies. Mais le mystère est ouvert, difficile à cerner, plein de promesses et, apparemment, sans la moindre certitude.

Être trop catégorique dans votre raisonnement, en cloisonnant toute possibilité que la vie possède une sorte de nature sauvage inconnue, peut mener à la tristesse et au mécontentement. John Teasdale, psychologue à l'université de Cambridge, a découvert que les patients en thérapie avec un « style de pensée absolutiste, dichotomique » (ce que j'appelle le raisonnement catégorique) risquaient considérablement de faire une dépression. De même, les neuroscientifiques à l'université de Reading, au Royaume-Uni, découvrirent que l'emploi d'un vocabulaire propre au raisonnement absolutiste dans le langage – comme « tu [fais/dis...] toujours », « chaque fois » ou « jamais » – pourrait indiquer une détresse mentale. Dans leur étude sur 6 400 personnes dans des groupes de discussion en ligne sur la maladie mentale, axée sur la dépression personnelle et l'anxiété, le langage absolutiste était plus élevé de 50 % que dans la population en général. Dans des groupes concentrés sur le suicide, il était de 80 % plus élevé.

La pensée catégorique et binaire menant à une vision réductrice, simpliste, déstabilise la vie et la rend moins intéressante. Et comme Eric Heller, professeur de chimie et de physique à Harvard nous le rappelle : « Faites attention à la façon dont vous interprétez le monde. Parce que c'*est* comme ça. »

Rien de mieux que la nature pour faire une pause par rapport au raisonnement binaire et catégorique. Même si notre état d'esprit habituel nous entraîne dans les bois, nous incitant à penser que les cerfs, les faucons et les fraises sont bons, les mouches et les moustiques sont mauvais, toute quête d'informations tangibles, en ne nous faisant pas plus apprécier ces insectes pour autant, apporterait tout du moins un sens des nuances un peu plus développé. Les mouches sont les principaux pollinisateurs de tout, des orchidées aux trilles, et plus encore, comme décomposeurs, elles sont absolument expertes à préparer ce qui est mort à redevenir quelque chose de vivant. Les mouches consomment tant de pucerons et de chenilles de papillon qu'il est probablement sans risque de dire qu'elles sont largement responsables du succès des récoltes agricoles du monde. Les moustiques, d'un autre côté, nourrissent toutes sortes de créatures, des poissons aux lézards, des oiseaux aux salamandres. Entre-temps, les « parents » de ces moucherons casse-pieds (désignés par « cératopogonidés ») sont des pollinisateurs principaux du cacaoyer. Les éliminer pourrait signifier – *oh non !* – la fin du chocolat.

Les colibris sont bons, les étourneaux, mauvais. Les tamias sont adorables, les rats et les souris – du moins mis à part ceux des dessins animés –, une parodie. Rien de tout cela n'a de sens quand on commence à regarder de plus près comment fonctionne le monde naturel. Guère étonnant que des civilisations bien plus anciennes aient depuis longtemps remarqué de telles divisions – le bien contre le mal, l'ami mignon contre la peste moche –, le signe de cœurs et d'esprits terriblement brisés.

On n'a pas à adorer les mouches. Cependant, il vaudrait peut-être la peine d'entretenir la notion que les mouches (comme les pissenlits, les loups, les mouffettes et les digitaires) furent créées par les mêmes protéines, la même quête planétaire essentielle vers la vie, le même réseau profond et impénétrable qui nous ont créés, vous et moi. Pénétrez dans les bois après vous être protégé avec du répulsif anti-insectes, écrasez-les comme les mouches à votre gré, mais essayez de voir si vous pourrez éviter de tomber dans le piège de vouloir que le monde soit en quelque sorte différent. Au bout du compte, nous le sommes simplement tous, différents.

La nature peut aussi simplement ratatiner autrement la binarité. Réfléchissez un instant au fait que la vaste majorité des fleurs et des plantes qui ornent la Terre sont hermaphrodites. Les herbes dans nos cours, les lys, les roses, les courges, le maïs et les concombres dans nos jardins possèdent un système de reproduction mâle ainsi que femelle. Entretemps, un nombre surprenant de poissons, de méduses, de patelles et autres crustacés peuvent passer sur demande d'être mâle ou femelle, et inversement, en fonction de ce qui est nécessaire à leur communauté à un moment donné. Cette binarité d'ordre unique – que tout doit être mâle ou bien femelle – est par conséquent une illusion. Et comme tant de nos illusions, cela correspond à une autre couche de briques dans ce mur qui nous sépare du véritable fonctionnement du monde.

En me promenant en pleine nature, je me suis peu à peu attaché à la voir symbolisée par l'ancien symbole chinois du yin et du yang : deux formes rappelant des têtards tête-bêche, l'une noire, l'autre blanche, l'une masculine, l'autre féminine, regroupées à l'intérieur d'un cercle symbolisant la réalité cyclique de la vie. Le yin et le yang ne sont pas des binarités opposées, mais complémentaires ; ensemble, ils apportent davantage que la somme de leurs parties. Puis il y a ce point blanc dans la forme noire, et ce point noir dans la forme blanche, rappelant un peu des yeux, reflétant le fait que chacun contient une partie de l'autre. Finalement, précisément au centre du cercle du yin et du yang, le long de la ligne courbe formée par la réunion des motifs dans leur étreinte, se trouve le point fixe : cet état apaisé du mental, du corps et de l'esprit, qui, assez pertinemment, selon les anciens, serait favorisé par la contemplation paisible des mystères de la nature.

UNE QUESTION DE TEMPS

Si vous vivez dans l'hémisphère Nord comme moi, ce serait très bizarre de rencontrer par hasard en plein juillet une meute de loups se baladant dans les quartiers d'hiver des wapitis – leur principale source de nourriture –, qui sont en fait à des kilomètres de là, en altitude dans les pâtures montagneuses. De même, vous n'iriez pas ramasser des mûres en avril, faire une randonnée au milieu de l'hiver pour pêcher au filet du saumon lors de la fraie, ou essayer d'inciter les abeilles à produire du miel alors qu'aucune fleur n'est épanouie.

Cependant, nous passons nos journées dans un monde saturé de messages instantanés et de livraisons dès le lendemain, de films, d'émissions télévisées, de podcasts et de musique à volonté, au point de ne pouvoir espérer tous les regarder ou les écouter. Nous pouvons sortir nos smartphones et augmenter la température dans la maison tout en étant à des kilomètres de l'allée, ou faire une pause au milieu du rangement des provisions pour prendre d'un glissement de doigt, comme par magie, un rendez-vous en soirée. Un médecin spécialiste à plus de 3 000 km peut discuter par visioconférence de nos radios avec notre médecin traitant, pendant que, dans la salle d'attente, nous lisons le dernier numéro d'*Ô Magazine*. Rien de plus simple, grâce à l'intelligence de nos nouvelles technologies, on obtient très fréquemment ce que l'on veut, quand on le veut.

Retrouver les plaisirs du monde naturel – pour nous rendre disponibles « ici à l'intérieur » à ce qui est savoureusement mystérieux « là-dehors » – signifie de faire le bilan sur notre relation avec le temps. Comme nous le rappelle Cinzia Cervato, professeure de géologie à l'université de l'État de l'Iowa, le développement de la mesure du temps évaluée par un système d'horloge, qui n'est vraiment apparu qu'au Moyen Âge, a modifié profondément notre expérience de la vie, « en donnant l'impression que des unités de mesure établies sur des chiffres étaient plus réelles que la réalité vécue ». Et cela a énormément à voir avec la raison pour laquelle le mystère, du moins pour bon nombre d'entre nous, peut très difficilement se manifester.

Non que la nature ne puisse être rapide. Tremblements de terre. Éruptions volcaniques. Foudre. Incendies. Crues subites. Mais le monde naturel repose sur des expressions inexorablement établies sur le long terme. Un séquoia toujours vert se dressera vers le ciel au cours d'un millier d'années, passant d'un minuscule plant se nourrissant d'une bûche tombée, à un arbre mature de presque cinq cent cinquante tonnes. Il faut à certaines rivières des millénaires pour creuser de nouvelles voies vers la mer. Les montagnes s'élèvent et s'effritent simultanément, poussant et rétrécissant de centimètre en centimètre sur des millions d'années. En faisant une randonnée dans les longues étendues de toundra alpine aux orées nord-est de Yellowstone, je ne cesse d'être empli d'humilité face au fait qu'il faut plus d'un millier d'années ne serait-ce que pour produire deux ou trois centimètres de terre sous mes chaussures.

Puis il y a ces périodes s'étirant en longueur, nécessaires pour s'orienter aux confins de l'espace. En contemplant le ciel nocturne, en raison de la durée de temps qu'il faut à la lumière de ces étoiles pour parvenir à nos yeux, la scène devant laquelle nous nous émerveillons remonte en réalité à des décennies, voire des siècles. S'attarder dans la nature permet de faire la paix avec ce rythme plus fondamental de l'émergence, de mettre un petit moment de côté l'heure dictée par l'horloge, pour s'accorder plutôt au rythme du temps *physique.*

Il est surprenant de penser que cela ne fait qu'environ deux cent cinquante ans que nos scientifiques ont vraiment accueilli le temps physique – se rapportant à la succession d'événements depuis l'apparition de la planète. Auparavant, pour la plupart, on se satisfaisait de l'idée que la Terre était âgée d'environ 6000 ans, l'apparition de la vie sur la planète s'étant déroulée par une série d'événements catastrophiques orchestrés par Dieu, chacun d'eux marquant la naissance d'une nouvelle ère. Pour être plus précis, en remontant aux années 1600, et en se basant sur des calculs issus de la Bible, James Ussher, archevêque anglican d'Armagh et primat d'Irlande, établit le premier jour de la Création au dimanche 23 octobre 4004 av. J.-C.

Mais, à la fin des années 1700, arriva sur la scène un géologue amateur et tenace d'Écosse, du nom de James Hutton. Et il avait une tout autre idée sur la question. Après s'être promené durant des années pour étudier les roches des paysages de son pays natal, il se retrouva convaincu que la pierre s'érodait lentement, les sédiments en résultant étant finalement enfouis, puis – de nouveau, très lentement – retransformés en roches sous l'effet de la pression et de la chaleur. L'image de la Terre qu'il décrivit correspondait davantage à un cycle permanent de création, « sans vestige d'un commencement, sans perspective d'une fin », comme il le dit lui-même. Nous savons maintenant qu'il avait relativement vu juste. Mais à l'époque, et pendant très longtemps par la suite, ses idées furent jugées choquantes.

Certains qualifièrent ses théories d'outrageantes, l'accusant d'être un hérétique. Un athée. Pour d'autres, cependant, ses notions furent un ravissement. Le mathématicien John Playfair, l'un de ses contemporains, se dit avoir été comme « étourdi », en ayant eu l'occasion de regarder aussi loin dans l'abîme du temps. C'est probablement grâce aux découvertes révolutionnaires de Hutton que vous et moi, nous sommes mieux à même de nous percher par l'imagination au bord d'une étendue presque inimaginable de création.

Pour lancer nos pensées dans l'abîme, arpenter consciemment une planète qui s'est renouvelée encore et encore, par l'intermédiaire de processus géologiques phénoménaux s'étendant sur des millions et des millions d'années, le lieu semble être particulièrement propice pour effacer tout d'abord nos perceptions, avant de les élargir en profondeur. Laisser notre imagination s'exprimer dans des cadres trop grands pour être définis nous offre l'occasion d'accéder à toujours plus de merveilles dans le monde.

À partir de là, il pourrait nous être possible de nous ouvrir à nouveau aux notions d'enroulements dépressionnaires infinis à l'origine de la pluie, puis au retour du soleil. Au nombre incalculable de matins où les oiseaux sont venus se percher à l'aube sur leur branche pour pousser la chansonnette. Aux quatre milliards d'années de croissance et de décroissance de la Lune, attirant puis relâchant les marées océaniques. Ces cycles intemporels représentent une puissante ouverture menant à toutes choses mystérieuses. De surcroît, en les contemplant, vous pourriez vous surprendre à observer plus souvent vos rythmes plus subtils – la montée et la descente de l'énergie au cours de la journée, de la semaine, de l'année ; le grand appétit proche de la faim éprouvé pour le dîner, puis la satiété ; la grâce de votre corps en mouvement, puis à nouveau au repos ; l'attraction de la relation, et le confort de la solitude ; la faible pulsation du sang dans votre cou et vos poignets ; la stature en évolution de vos enfants ; le murmure du souffle inspiré et expiré. Et si vous avez de la chance, l'approfondissement de la gratitude pour tout ce qui est beau, alors que la jeunesse cède la place au milieu de la vie, qui, à son tour, cède la place à la vieillesse.

J'étais à la fin de la vingtaine. Ma mère était alitée, en phase terminale du cancer. Depuis un bon mois, voire plus, elle avait été trop faible pour même redresser la tête. Mais un matin, alors que j'étais assis au pied de son lit, elle parvint soudain à la redresser un peu, pour me dire qu'elle voulait sortir. Je l'ai donc prise précautionneusement dans mes bras pour la porter par la porte d'entrée dans le jardin. Nous avons dû nous y promener vingt minutes – tout d'abord pour qu'elle puisse sentir les fleurs de ses buissons de lilas, puis regarder à travers les bois, au-dessus de la mangeoire des oiseaux, cherchant à apercevoir les ailes d'un certain cardinal. Finalement, pour qu'elle puisse laisser glisser entre ses doigts les jeunes feuilles souples des érables et des cornouillers.

Nous ne nous sommes pas dit grand-chose à ce moment-là. Mais par une grâce inouïe, elle réussit ce jour-là à assimiler le mystère flottant dans ce petit jardin, pour illuminer ces ténèbres qui se refermaient inexorablement sur elle. Incroyablement, cet après-midi-là, sa souffrance, qui transparaissait depuis si longtemps sur son visage, commença à se dissiper, remplacée par une expression de sérénité que je ne lui avais encore jamais vue. Le lendemain matin, elle nous dit qu'elle voulait arrêter tous les analgésiques, même après avoir pris de considérables doses de Percocet et de morphine depuis des mois. Quelques jours plus tard, aux heures calmes de la nuit, elle s'éteignit.

Je relaterai plus tard ce petit voyage empreint de tendresse, ma mère dans mes bras, à une analyste jungienne bien connue. Quand j'eus terminé, elle me parla de l'une des observations de Jung – comment il avait remarqué qu'au cours de sacrements religieux, les gens éprouvaient parfois un sentiment profond de mystère. Et de surcroît, que de telles expériences mystiques étaient souvent une très grande aubaine pour leur santé mentale. S'immerger dans ce type de mystère éveillait l'inconscient, disait Jung. Et ainsi éveillé, le mystère devint pour bon nombre une puissante source de guérison.

« Maintenant, réfléchissez un instant, me proposa l'analyste. Ce petit jardin de votre mère, rempli de ce que les hommes utilisèrent tout d'abord dans leurs sacrements religieux. Les arbres. Les fleurs. Les oiseaux. » Elle me demanda d'essayer d'imaginer ce que pourrait être de vraiment s'immerger dans ces liens issus de la nature. De visualiser d'y être absorbé, de se sentir bienvenu dans le flot même du vivant et du mourant – de connaître, ne serait-ce que quelques secondes, la sensation de *participer* vraiment au mystère qui nous relie tous.

C'est un peu plus facile d'imaginer qu'à des moments extraordinairement traumatisants, comme au décès d'un être aimé, nous aurions une chance d'être littéralement cassés par la souffrance que cause cette perte, nous retrouvant soudain au bord de l'inexplicable. Mais en vérité, on ne peut se lier d'amitié avec les mystères du monde qu'à des moments moins troublés, en apprenant à surfer sur ses courants, au-delà de notre dose quotidienne de doute, d'anxiété et de frustration.

Rechercher le mystère signifie voguer de temps à autre sur certaines eaux profondes, libérés de la nécessité de savoir quelles conditions météorologiques nous attendent, ou même quels poissons passent sous le bateau. Depuis au moins cent mille ans, notre espèce s'est plus ou moins présentée sur Terre sous sa forme actuelle. Et au cours de tout ce temps, la nature n'a pas manqué de mystère. Il est vrai que beaucoup de ce qui est précieux dans le monde naturel a été préservé, grâce à des arguments extrêmement rationnels, donnant la priorité à ce que nous pouvons le moins nous permettre de perdre. Mais si notre objectif est de nous faire une idée de la façon de réveiller nos instincts de gentillesse envers le monde, au sens le plus large, pour développer en nous une perception plus puissante de l'endroit et notre relation avec celui-ci, pour savourer les joies profondes du sentiment d'appartenance –, cela nécessite tout autre chose.

2

DEUXIÈME ENSEIGNEMENT

La vie sur Terre prospère grâce à un immense jardin de relations

L'homme tue l'oiseau, et avec l'oiseau, le chant,
et avec le chant, lui-même.

Citation extraite d'une légende du peuple des Pygmées

L'histoire se déroule plus ou moins comme suit. Il y a presque quatre cents ans, par une nuit d'un froid de canard, aux Pays-Bas. L'air est transpercé par un vent fort et des chutes de neige. Cependant, le temps n'a pas empêché une foule d'étudiants emmitouflés dans des gilets de remplir l'auditorium de l'imposante université d'Utrecht, impatients d'assister à une conférence donnée par un homme largement présenté comme l'être humain le plus intelligent sur la planète. Son nom est René Descartes. Et alors que, pendant des années, il fut encensé comme philosophe et mathématicien, ce soir-là, on était venus en raison de sa réputation en plein essor en tant que « cultivateur de la science ». Un intellectuel dont les incessantes recherches d'informations rationnelles lui permirent de deviner le plan d'ensemble de Dieu pour l'univers.

Au-delà de la lueur vacillante des lampes à huile de baleine autour de la scène, un professeur en robe noire arrive en se pavanant pour faire taire l'assemblée, annonçant d'une voix tonitruante que le brillant René Descartes ne va pas tarder à arriver, et à modifier leur perception du monde. Et de surcroît, poursuit-il, certains dans l'assistance pourraient être stupéfaits par le pouvoir de ce qu'ils s'apprêtent à entendre. Le professeur carre les épaules et sort de scène. Cinq minutes passent. Puis Descartes se présente à l'auditoire d'un pas nonchalant, royal. Suivi d'un chien fauve clair apathique. Sur l'ordre de Descartes, le chien se couche devant l'estrade, la tête entre les pattes, le regard fixé dans l'obscurité régnant au-delà des lampes à huile.

À mi-parcours de la conférence, plongé dans la description des multiples fonctionnements de l'univers, comme on pourrait expliquer les engrenages et les ressorts d'une horloge, Descartes s'interrompt. Il lève un bras, l'index pointé vers les chevrons, comme pour sanctifier sa proclamation que les êtres humains sont la seule espèce capable de déchiffrer le génie du Créateur. Les hommes sont exceptionnels, dit-il. Nous sommes élus. Et non seulement toute autre créature est d'intelligence inférieure, mais aucune d'elles n'a d'émotions ni de pensées, voire la capacité d'éprouver des sensations physiques.

C'est à cet instant que Descartes se rend à l'avant de l'estrade et frappe son chien. Le frappe fort.

Le chien pousse un gémissement perçant.

Face aux cris de surprise s'élevant de l'auditorium, Descartes présente la paume de sa main. Il sourit comme un père patient.

«Je peux vous dire ceci avec certitude, aurait-il pu dire. Les études modernes ont confirmé qu'aucune créature sur Terre, à part l'être humain, n'a la capacité d'éprouver la douleur ou la peur. Ce que vous avez vu s'appelle une réaction physique automatique. En raison de son système nerveux limité, le chien ne connaît pas le moindre inconfort. »

Puis, pour accentuer son propos, Descartes le frappe encore.

René Descartes est considéré comme l'un des hommes les plus brillants de l'histoire de l'Occident – souvent appelé, comme il se doit, le père de la science moderne. Et alors que l'on pourrait être horrifié à la pensée d'un type qui n'arrête pas de frapper son chien devant un auditorium bondé, en vérité, on n'en accueille pas moins en majeure partie l'idée fondamentale à l'arrière de ses facéties. Nous sommes nombreux à couver en masse une croyance dans la supériorité humaine, comme si les êtres vivants devaient être classés en fonction de leur valeur, ce qui contribue beaucoup à nous éloigner d'autres formes de vie. Depuis longtemps, nous nous considérons comme des êtres exceptionnels au centre même d'un univers constitué d'éléments identifiables, dont l'ensemble est là pour être exploité. Une nature s'apparentant davantage à un mécanisme qu'à un organisme. Même aujourd'hui, ce qu'Isaac Newton a dit trois cent cinquante années plus tôt, en appelant Dieu « un expert en mécanique », est toujours à peu près juste pour bon nombre d'entre nous.

La vision du monde selon, par exemple, une personnalité comme Descartes ou Newton – intelligente, précise et, rétrospectivement, étonnamment hyperfocalisée et arrogante –, n'est pas venue de nulle part. Un tel génie, et c'est vraiment ce dont il s'agit, a germé il y a mille cinq cents ans environ, bichonné par les esprits des Grecs de l'Antiquité. Ce sont eux, après tout, qui firent éclore l'idée que l'univers était lié par un groupe de « vérités ultimes » immuables. Et, de surcroît, qu'en ayant l'espoir de découvrir ces vérités immuables, il faudrait se lancer à leur recherche avec un esprit intensément formé au raisonnement rationnel, objectif.

Pour les Grecs, toute question sur le fonctionnement de la nature ne pouvait être invariablement satisfaite que par une seule réponse. Et si ce que vous vouliez savoir sur le monde ne trouvait pas réponse, si cela ne correspondait pas précisément à l'une de ces vérités uniques, alors, c'est que le problème se situait dans votre question. Parvenir à la vérité ultime concernant la nature signifiait de reporter sa concentration « là-dehors », en utilisant ses facultés mentales pour fragmenter les choses en catégories et en composants. Et cette approche, que Descartes, et d'autres de nos jours ont surchargé de certaines mathématiques surprenantes, est passée rapidement du domaine de la théorie, de l'histoire intellectuelle, pour se faire en soi réalité. En étant dans l'impossibilité d'établir clairement les limites physiques de quelque chose – en le gardant en dehors de soi, fixé dans le temps et l'espace –, cette chose ne pouvait exister.

Afin de découvrir les « véritables » propriétés de la nature, Galilée dit, dans les années 1600, rappelant en soi un Grec de l'Antiquité, qu'il fallait voir le monde naturel comme si les êtres humains n'existaient pas. Comprendre le monde n'a absolument rien à voir avec l'expérience personnelle que l'on en a. De la sagesse était à acquérir en se concentrant sur les objets qui existaient à part nous-mêmes, dont les qualités étaient mieux exprimées en matière de relations mathématiques. L'univers n'était « réel » qu'au point de pouvoir être étudié objectivement, mesuré, et finalement prédit. Et dans un sens, il n'avait pas tort. Ce n'était que ce type d'approche qui mena au fameux livre de Galilée, *Le Messager des étoiles*, révélant ses découvertes faites avec le télescope qu'il avait fabriqué, des montagnes sur la lune, des centaines d'étoiles invisibles jusque-là à l'œil nu, et même des lunes de Jupiter. En étendant ainsi la perception humaine, il sema énormément de merveilles.

Cependant, se concentrer à l'extrême sur des objets discrets, pour finir par être persuadé que ce type de structuration détient la clé de toute l'histoire de chaque chose, a atténué notre capacité de perception des relations dynamiques. Et c'est ce qui nous a fait – et nous fait actuellement – rater une vérité fondamentale au sujet de la nature, d'une importance capitale, qui est qu'aucune vie n'existe si ce n'est par l'intermédiaire de gigantesques réseaux dynamiques de relations.

J'ai appris en cours de sciences naturelles à l'école primaire et au lycée à voir le monde tel qu'il était perçu à l'origine dans le milieu scientifique. En mémorisant autant de détails caractéristiques que possible sur un sujet donné, d'une cellule végétale au cœur d'une grenouille, avant de passer à autre chose. Mes cours à l'université, heureusement, proposaient des sujets un peu plus pointus, centrés sur ce qui était alors une vague d'intérêt en plein essor pour les relations. Pour l'*écologie*, qui étudie les êtres vivants dans leur milieu en tenant compte de leurs interactions. C'est ce point de vue que j'adoptais en allant dans les bois, m'y tenant face à ce qui était alors devenu pour moi une délicieuse obsession, quasi vertigineuse, pour la nature.

À environ dix pâtés de maisons de celle, minuscule, de mes parents, à South Bend, dans l'Indiana, de l'autre côté de Mishawaka Avenue, et au-delà du terrain de foot de l'école élémentaire Nuner, d'un vert foncé bien brossé, se trouvait une parcelle de forêt arrivée à maturité, non loin des berges de la rivière Saint-Joseph aux eaux tourbillonnantes couleur chocolat. Du muguet et de la réglisse sauvage étaient comme éparpillés au sol, comme quand j'étais enfant, et au-dessus, les chants flûtés des loriots, pinsons et cardinaux s'écoulaient des branches. Le plus saisissant de tout, c'était un bosquet de chênes et d'érables anciens, certains aux troncs si énormes que, vous et moi réunis, nous n'aurions pu les entourer de nos bras.

Lors de ma dernière année à l'université, je m'y rendais relativement souvent, surtout pour être en compagnie des arbres. Si je me retrouvais au pied de l'un de ceux de mon cours de sciences de l'environnement, j'avais tendance à les interpeller au sujet du carbone qu'ils entreposaient, ce qui, à l'époque, faisait l'objet de discussions ininterrompues sur ce que l'on appelait le réchauffement planétaire. D'un autre côté, si j'avais lu Darwin, j'aurais peut-être essayé d'accepter que ces vieux arbres le long de la rivière Saint-Joseph eussent, en tant qu'espèce, ajusté précisément leur vie depuis au moins vingt-cinq millions d'années, apparaissant à l'ère des tigres à dents de sabre, et des requins de quasiment treize mètres.

Parfois, j'étais simplement heureux de considérer mes vieux amis les arbres de façon plus fantaisiste – sous l'angle de la perception qu'en avaient nos ancêtres, pleins de rêveries, de réconfort et de mythes. L'arbre de bodhi géant où Bouddha eut une illumination soudaine, et les branches retombant bas d'un térébinthe, où on dit qu'Abraham avait diverti les anges. Zeus à son oracle, murmurant des conseils aux mortels par l'intermédiaire de chênes colossaux ; les pharaons d'Égypte reposant dans leurs pyramides silencieuses, emmaillotés dans des sarcophages en sycomore, que l'on dit être un arbre qui nourrit les âmes des morts. Glooskap le Géant, selon le mythe iroquois, parcourant les bois du Maine en tirant des flèches, et en fendant les troncs des arbres, pour en libérer dans le monde les premiers hommes et les premières femmes. Et les peintres américains du courant paysagiste qui, à une époque, remplissaient leurs toiles d'ormes gigantesques – notre arbre national –, symbole, pour eux, de la promesse de la liberté, de la démocratie dans le Nouveau Monde. Nous tous, vraiment, réunis par nos histoires parlant des arbres.

Alors que je grandissais, les bois me paraissaient d'autant plus débordants de richesses. En partie du fait que de plus en plus de compréhension dans le monde scientifique leur avait donné un chatoiement aussi brillant que fascinant, comme tout mythe ou légende. Nous savons maintenant que les conifères ont un génome plus vaste et plus complexe que presque toute autre forme de vie sur Terre. Ce grand épicéa devant lequel vous passez peut-être en ce moment, puis celui sur la grand-place, a tranquillement vécu sa vie en tant qu'espèce depuis plusieurs centaines de millions d'années, ce qui a contribué à produire un matériel génétique au moins sept fois plus important que le nôtre. Et nous savons aussi que les arbres individuels peuvent avoir une longévité extraordinaire. Pas seulement les pins aristés de Californie, certains vieux de quatre, voire cinq mille ans, ce qui signifie qu'ils sont apparus à peu près au moment où Stonehenge était érigé. Mais aussi le système racinaire de Pando, dans l'Utah, immense colonie clonale de peupliers faux-trembles de quarante-trois hectares – la forme de vie connue la plus étendue sur la planète –, que l'on pense être actuellement vieux de quatre-vingt mille ans, ce qui est stupéfiant, situant son point de départ environ à l'époque où les êtres humains quittaient l'Afrique pour entreprendre leur voyage épique et s'installer dans le monde entier.

Mais encore bien plus que tout cela, les arbres sont des portes exceptionnelles menant à cet enseignement majeur propre à la nature, nous offrant des aperçus qui nous en mettent plein la vue de l'interdépendance essentielle. En ce moment même, dans ce bosquet de chênes près de la rivière Saint-Joseph, des informations sur une invasion d'insectes sont transmises entre les arbres par l'intermédiaire d'hormones volatiles – une astuce permettant de coordonner la production de composés chimiques défensifs dans les tiges et les feuilles. Certains arbres, luttant contre les chenilles qui les mâchent, libèrent comme signal des phéromones pour attirer les guêpes à proximité. Celles-ci arrivent en bourdonnant et pondent des œufs ; leurs larves, à leur tour, finissent par se repaître des chenilles envahisseuses et, ainsi, par sauver les arbres. Les pommiers subissant une attaque similaire obtiennent un soulagement d'autant plus rapide, en libérant des substances chimiques qui envoient des signaux aux oiseaux chanteurs amateurs de chenilles. Ce type de « conversation verte », grâce à un langage constitué d'échanges d'ordre chimique, se poursuit sur toute la planète, en suspension dans les airs, du bouleau nain de l'Arctique aux jungles d'Amérique du Sud; des montagnes de Chine aux parcours de golf du Tennessee. De plus, cette conversation transmet des centaines de messages que nous commençons à peine à déchiffrer.

Puis, il est question d'un miracle d'envergure se produisant dans le sol. Les arbres de ces bois arborent tout un enchevêtrement de systèmes racinaires. Ces racines sont à leur tour reliées à une tout autre forme de vie, des champignons mycorhiziens. Les forêts et les champignons se sont rencontrés il y a des millions d'années, et au cours de tout ce temps, sont parvenus à former une relation hautement évoluée, immensément bénéfique à l'un comme à l'autre. Les champignons précédaient en réalité les arbres d'une centaine de millions d'années; certains ressemblent même un peu à des troncs, poussant en partie au-dessus du sol de plusieurs pieds de largeur et de presque huit mètres de hauteur. L'espèce poussant en sous-sol dans les bois, cependant, use de vrilles tubées à peu près de l'épaisseur de la soie d'une toile d'araignée, pour se tisser aux structures racinaires des arbres. Ce faisant, les champignons gagnent l'accès aux sucres que ceux-ci produisent par la photosynthèse. Les arbres, cependant, se servent de cet immense réseau de champignons pour avoir accès à des éléments nutritifs essentiels, comme l'azote et le phosphore, qui, sinon, leur seraient indisponibles.

Quand un réseau fongique se fixe à l'un des systèmes racinaires, cela déclenche une réaction de défense. Comme si cela donnait un coup de fouet au système immunitaire de l'arbre – un peu comme ce qui se passe quand on reçoit un vaccin contre la grippe –, le laissant beaucoup plus résistant à la maladie. Mais de surcroît, les réseaux souterrains de champignons permettent en fait aux arbres individuels de communiquer entre eux. Pour s'entraider, littéralement. Ce qui fait de la forêt un voisinage, dans le meilleur sens du terme.

Lors de ma dernière visite dans ce bosquet, j'ai vu plusieurs jeunes plants dans les zones les plus ombragées qui semblaient végéter. Ils avaient des difficultés à obtenir suffisamment de lumière du soleil pour que le carbone nécessaire à leur croissance et à leur plein épanouissement leur soit disponible. Bon nombre des arbres plus grands auraient été « conscients » de ce problème, étant en contact avec les jeunes plants par l'intermédiaire des champignons. Certains y répondraient en envoyant du carbone et d'autres éléments nutritifs, molécule par molécule, par le réseau, la nourriture étant ainsi fournie aux jeunes arbres qui en manquaient par ceux en ayant suffisamment.

Un arbre à la lisière de ce bosquet présentait des signes précoces d'une attaque de rouille. Il est quasiment sûr qu'il prévenait tous ceux de la communauté des bois en envoyant des messages chimiques par le réseau de communication fongique ; ces messages stimuleraient une réaction de défense chez ses congénères, réduisant ainsi notablement les dégâts perpétrés dans les bois par la rouille.

Un chêne particulièrement gigantesque que j'appris à connaître dans ce bosquet au bord de la rivière Saint-Joseph, une vieille matriarche d'une circonférence de presque quatre mètres, a probablement eu un rôle mieux désigné par un « arbre-grand-mère » – servant des dizaines de ses congénères, dont un certain nombre d'autres espèces, en dispensant systématiquement des éléments nutritifs aux jeunes et aux vulnérables. Quand le temps sera venu pour cet arbre-grand-mère de disparaître, et d'après ce que j'avais pu constater des blessures sur son tronc, il ne lui en restait probablement pas beaucoup, en mourant, elle se servira du réseau pour transmettre sa part de ressources aux résidents du voisinage.

À chaque année qui passe, la forêt nous dispense davantage d'enseignements. On en est récemment arrivé à comprendre que ces champignons, au cours de leur vie, sont à l'origine d'une grande diversité de produits dérivés, des composés antiviraux. Un été, lors d'une promenade dans le sud-ouest du Maine, près du lac King and Bartlett, je suis tombé par hasard sur un grand bouleau gris. En le regardant de plus près, j'ai vu des entailles sur son tronc – probablement dues à un arbre voisin qui en avait égratigné l'écorce en tombant, abattu par le vent. La résine qui en coulait se révélait un super habitat pour les polypores, des champignons, installés sur ces égratignures. Les abeilles du coin avaient également trouvé ces blessures dans l'arbre, et s'étaient employées à se nourrir des sucres de la sève. Ce faisant, elles ingéraient les composés antiviraux des champignons, ce qui contribuerait à son tour à contrer les menaces, comme une infestation de mites, de retour à la ruche. Parmi les efforts faits de nos jours pour lutter contre le déclin catastrophique des abeilles dans le monde entier – dû en partie à deux virus mortels portés par le varroa, un acarien parasite de ces insectes –, un traitement particulièrement efficace consiste à utiliser un échantillon des champignons. En effet, l'appliquer au virus dénommé « Lake Sinaï virus » l'affaiblit de quarante-cinq mille fois, ce qui est stupéfiant.

De ce fait, ce qu'il faut en retenir, c'est que les arbres et les plantes ne rivalisent simplement pas entre eux, ce que j'avais fini par croire en cours de sciences au collège. Au lieu de cela, au cours de millions d'années, la végétation a établi de vastes réseaux collaboratifs pour permettre à l'ensemble du système de prospérer. Un système dont nous faisons partie.

Aux abords d'un sentier dans les bois, les arbres, et même certaines des plus petites plantes poussant à nos pieds, émettent des composés antimicrobiens volatils, les phytoncides. En le parcourant, nous les inhalons à chaque respiration. Une fois dans nos poumons, ces phytoncides sont transportés aux cellules de nerfs et d'artères spécifiques, contribuant à faire baisser le rythme cardiaque et la tension artérielle. Ils sont également absorbés par nos ganglions lymphatiques, où, en un rien de temps, ils peuvent contribuer à stimuler un système immunitaire affaibli. D'autres encore sont canalisés vers l'hypothalamus, où ils contribueront à soutenir le fonctionnement de nos organes vitaux, en le rendant plus performant. Si indéniablement précieux sont-ils, ainsi que d'autres bénéfices qu'apportent les arbres aux êtres humains, dit la D[re] Frances Ming Kuo, biologiste à l'université de l'Illinois, « si la verdure manque dans l'environnement de quelqu'un, plus le risque est grand de maladie ou de mort ».

Après des centaines d'années, nous commençons enfin à nous débarrasser de l'illusion que nous avons le monde naturel entre les mains, pour la remplacer, lentement mais sûrement, par la vérité beaucoup plus précise, et plus rassurante, que sous de multiples aspects, le monde est de notre côté.

Manquant sans doute de connaissances scientifiques sur la forêt il y a cent cinquante ans, le poète Walt Whitman, luttant après une sérieuse attaque l'ayant laissé à moitié paralysé, s'adressa à voix haute à un lopin de forêt près de Camden, dans le New Jersey :

« As-tu [...] un remède pour un cas comme le mien ? [...] Fais-tu couler à présent, subtilement, mystiquement, [ce remède] dans les airs, invisiblement au-dessus de moi ? »

En parvenant de temps à autre à nous défaire de l'habitude de nous concentrer sur les formes de vie distinctes – un écureuil, un arbre, un cerf à queue blanche –, pour considérer plutôt le contexte entourant ces sujets, ce que l'on finit vraiment par faire, c'est entraîner le muscle mental pour réintégrer notre vie au monde dans son intégralité.

Il y a des années, j'ai eu l'occasion merveilleuse d'en faire directement l'expérience. Pour le magazine *National Geographic*, on m'avait demandé de décrire l'endroit le plus isolé aux États-Unis contigus – défini comme la localisation la plus éloignée de toutes routes connues. Il s'avéra que ce lieu était situé tout à l'angle sud-est de Yellowstone, ma maison en étant séparée par une longue chaîne de gigantesques montagnes.

C'est ainsi qu'un jour, en début d'été, je suis sorti sous mon porche d'entrée, j'ai mis mon sac à dos, avant d'entreprendre une randonnée de 200 km environ dans les montagnes. J'atteignis cet endroit le plus reculé dix jours plus tard, en parcourant les derniers kilomètres par une magnifique vallée sauvage du nom de Thorofare, en longeant les étendues en amont de la rivière Yellowstone. Ce voyage fut excitant – un régal pour les yeux en apercevant des loups, en découvrant la piste d'un grizzli, et face à des vues vertigineuses de la toundra dans chaque direction. Je suis resté dans ce haut pays presque trois mois, résidant la plupart du temps dans une minuscule cabane du service des forêts, avant de faire le trajet de retour chez moi à l'automne, juste au moment où les appels des wapitis mâles en rut commençaient à retentir dans les vallées montagneuses.

Les premiers jours de cette aventure, je me laissais essentiellement porter de délice en délice : d'une chute d'eau à un trou où pêcher, à une vue de la montagne se dressant vers le ciel. Une magnifique piste d'ours était une magnifique piste d'ours. Un wapiti surgissant entre les pins tordus était précisément cela, comme un pygargue à tête blanche pêchant dans les eaux calmes de la rivière Yellowstone.

Mais plus je restais là, plus il devenait évident que les lopins d'arbres et les étendues d'armoise tridentée, et même les animaux en soi, étaient liés à des communautés entières, leur vie se déroulant en fonction des circonstances d'innombrables autres êtres. En voyant des wapitis s'élancer en fin de journée, si je me cachais et étais patient, une fois sur deux, je voyais un ours, ou une meute de loups, qui les suivaient à la trace. Bien équipés pour ce genre de circonstances précises, les wapitis avaient repéré à l'odeur les prédateurs et s'étaient sauvés.

En observant un peu plus attentivement, je pouvais voir que les wapitis se trouvaient là en raison d'un tissage de nouvelles pousses le long du ruisseau d'une source, qui circulait avec dynamisme après un bon paquet de neige l'année passée. Ce même manteau neigeux qui avait incité l'ours à rester dans sa tanière un peu plus longtemps que d'autres années, à perdre un peu plus de la graisse qu'il avait utilisée pour hiberner. En ouvrant encore plus les yeux, je vis que si des loups suivaient vraiment le troupeau de wapitis, il y aurait habituellement des corbeaux qui les survoleraient, ces oiseaux ayant bien compris que si la meute faisait tomber une proie, ils seraient au premier rang pour venir chaparder ce qui en resterait.

Puis il y avait le temps à considérer. L'humidité dans l'air influait sur le degré auquel les loups et les wapitis pouvaient se repérer mutuellement à l'odeur. Une vague subite de chaleur se déversant dans les montagnes début août envoyait les ours et les loups se coucher pour la journée, ne se remettant à bouger qu'à la fraîcheur du crépuscule, ainsi, le prédateur et sa proie ne risquaient pas de se rencontrer.

Tandis que l'été suivait son cours, je me rendis compte que le soleil couchant dérivait lentement vers le sud, touchant l'horizon occidental, en un assemblage atténué disparate, d'un creux à une fissure, à un sommet – m'incitant à allumer les lanternes un peu plus tôt en fin de journée. Je constatais comment les soirées calmes attiraient les moustiques et les moucherons, qui faisaient arriver des volées d'hirondelles tourbillonnantes et d'oiseaux de nuit dans leur quête quotidienne d'insectes. En août, je suivis de près le niveau de la rivière glissant tranquillement entre ses berges, tandis que ce qui restait du manteau neigeux fondait des pentes des montagnes. Les neiges qui avaient arrosé les herbes dont les wapitis se nourrissaient, et simultanément, alimentaient les ruisseaux qui circulaient, donnant vie aux truites fardées.

Les truites qui nourrissent à leur tour les ours en juin, les loutres tout au long de l'été, et incitent les pêcheurs à s'aventurer jusqu'à au moins 42 km, accompagnés d'un cheval de bât, pour tenter leur chance avec leurs cannes à mouche. J'imaginais la neige fondue continuant son parcours sur presque 1 450 km pour aller rejoindre la rivière Missouri, puis le Mississippi, et enfin La Nouvelle-Orléans, où elle permettrait de flotter aux bateaux venus d'Amérique du

Sud qui apportaient le café que je versais dans une tasse en fer-blanc, me réchauffant les mains à ce contact, alors que ces matins en montagne commençaient à se faire frisquets.

La science a bien travaillé en faisant des recherches sur les éléments biologiques de ce pays sauvagement enchanté. Hydrologues et ichtyologistes, biologistes de la faune sauvage, botanistes et entomologistes, ils s'y sont tous intéressés. Et pour être honnête, j'adore me délecter de ce qu'ils racontent à propos de leurs recherches. Cependant, ce que je vécus comme expérience jour après jour, là-bas, dans la région de Thorofare, alla au-delà des données spécifiques sur l'eau, les ours, les loups, les rivières, les oiseaux nocturnes ou le ciel.

« Concentrez-vous ! », aurait pu me hurler Descartes de ces prairies de Yellowstone. « Isolez. Dissociez l'objet de tout autre chose. Formulez une seule question. Trouvez une seule réponse. Mettez-la dans une boîte. »

Mais le secteur de Thorofare à Yellowstone, comme toute la Terre, est une scène de théâtre sans public, où chaque chose, dont l'homme, fait partie des innombrables interprètes de la pièce. Rien que dans cette unique vallée se trouvait un réseau de vies, si clairement abondant et dynamique, que toute tentative de se concentrer se résumerait à capter des instants déjà dissipés. Je pouvais apprendre certaines choses sur les ours, d'accord, sans vraiment savoir ce qu'il y avait à connaître sur *cet* ours en particulier. Et manifestement, je ne pouvais être qu'un simple observateur, comme Descartes l'aurait préconisé, et les Grecs avant lui.

Car moi, également, j'étais l'un des acteurs. Tout d'abord, j'étais un livreur involontaire de centaines de graines d'orge à crinière, prises en stop par mes chaussettes, en vue d'avoir l'occasion de germer et de pousser là où elles n'avaient encore jamais été. Et à part cela, à la simple vue de ma personne suivant un sentier, des pies curieuses s'approchaient pour me regarder de plus près ; leur arrivée, à leur tour, incitait les oiseaux chanteurs à s'accrocher sans tarder à leur nid, de peur que l'une d'elles ne vienne récupérer leurs œufs. Simultanément, des campagnols et des souris auraient filé afin d'éviter de lui servir de déjeuner. Entre-temps, mon odeur faisait sans aucun doute changer les projets de nombreux loups, et probablement de quelques ours, en les incitant à se précipiter dans la direction opposée de leur destination initiale.

Il est vrai que la vision plus large de la vie dont j'eus un aperçu dans le secteur de Thorofare est, de nos jours, de plus en plus souvent confirmée entre les murs d'un millier de labos de biologie, et même de physique, dans le monde entier. Cependant, cette vision fait aussi bruyamment écho à des idées formulées bien avant l'époque de Newton et de Descartes ; ancrées des milliers d'années plus tôt, en fait, dans d'innombrables civilisations indigènes et traditions spirituelles. Des traditions toujours particulièrement d'actualité.

Par exemple, au village des Pruniers, un centre de méditation et un monastère bouddhiste dans le sud-ouest de la France, le maître zen réputé Thich Nhat Hanh se tient devant ses disciples, leur présentant dans ses mains une seule feuille de papier blanc.

Les poètes dans l'assemblée, pourrait-il très probablement dire, seront en mesure de voir clairement dans ce papier un nuage.

« Sans nuages, il n'y aurait pas de pluie. Sans pluie, les arbres ne pourraient pousser. Et sans arbres, nous ne pourrions fabriquer du papier. »

Il leur laisse le temps de l'assimiler. Puis il leur dit que s'ils regardaient encore plus profondément, ils verraient aussi le soleil briller dans ce papier. Sans soleil, pas de forêt. Et sans forêt, pas de papier.

Puis il va encore plus loin.

« En continuant à regarder, nous pouvons voir le bûcheron qui a coupé l'arbre et l'a emporté au moulin pour y être transformé en papier. Regardez un peu plus, leur dit-il, et vous pourrez voir le blé du pain quotidien du bûcheron. Étant donné que celui-ci ne peut vivre sans son pain quotidien, nous pourrions dire que le blé qui est devenu son pain est aussi dans cette feuille de papier. Et vous et moi, nous sommes dans ce papier, nous aussi, poursuit Thich Nhat Hanh, car le papier fait partie de notre perception. »

« Votre esprit s'y trouve aussi, nous pouvons donc dire que tout se trouve dans cette feuille de papier. Vous ne pouvez indiquer une seule chose qui n'y soit pas – le temps, l'espace, la Terre, la pluie, les minéraux dans le sol, le soleil, le nuage, la rivière, la chaleur. Tout coexiste dans cette feuille de papier. »

Après trois mois en immersion à Thorofare, je savais qu'il avait raison. Et que tout coexiste, aussi, avec le pin tordu. Le loup. Le corbeau. Le wapiti. L'ours. Le temps passé dans cette région m'a permis en quelque sorte de rectifier le parcours. Je commençais à remettre en question ma foi inébranlable que tout ce qu'il y avait à connaître était accessible grâce à l'application de la science rationnelle, objective. Je commençais aussi à me demander quelles impressions pourrait faire le monde, si nous conservions ce genre de point de vue transparaissant encore dans de nombreuses langues indigènes, où la vie est plutôt décrite par des verbes que par des noms. Ainsi, au lieu de dire à quelqu'un que vous avez vu un cerf, *deer* en anglais, c'est plutôt que vous avez fait l'expérience des diverses forces de la vie réunies et se manifestant dans une créature qui est « *deering* », ou « cerfante ». De même, on pourrait dire qu'un homme, *man* en anglais, est « *manning* », ou « hommant ».

Et si nous pouvions nous libérer des limitations de la certitude, pour apprendre à danser avec le fait que la réalité zigzague sur un terrain constamment mouvant ? Je perçois de plus en plus le soulagement d'envergure qui peut découler de se libérer de cette insistance à vouloir faire entrer le monde dans des cases, sous des formes limitées, chacune censée agir en fonction d'un éventail étroit de prédictibilités. Au lieu de cela, nous pouvons apprendre à nous réveiller chaque jour tout comme certains des meilleurs scientifiques, plus enthousiastes face aux nouvelles questions qu'apporte le matin, qu'en raison des réponses trouvées hier après-midi. En nous réjouissant qu'il y ait toujours plus à apprendre.

Une sorte de réconfort agréable découle de la prise de conscience que la vie sur Terre est moins une foire d'empoigne qu'une foire de la science. Il est vrai que la compétition ne manque pas dans la nature. Mais comme cela se vérifie chez les êtres humains, cette compétition consiste en majeure partie, pourrions-nous dire, à trouver de meilleures stratégies pour tirer parti des conditions changeantes. Comme Darwin le dit lui-même : « Ces communautés qui [incluent] la plus grande proportion de membres les plus sympathiques les uns envers les autres prospèrent le mieux. »

Cependant, en grandissant, comme tant d'entre nous, dans un monde qui a gardé un pied dans l'habitude grecque d'isoler et de classer les choses, il est facile d'être induit en erreur sur ce qui motive précisément la vie humaine. Aux États-Unis, on a remarquablement aimé s'appuyer sur des slogans comme « *survival of the fittest* », ou « la loi du plus fort » – une expression inappropriée en soi, étant donné qu'à l'origine, se traduisant littéralement par « la survie du plus en forme », elle se référait à cette notion même, c'est-à-dire d'être suffisamment « en forme » pour rester durablement en relation avec les ressources disponibles. Darwin dit que le terme, la lutte pour l'existence, fut pris « dans son sens large et métaphorique, comprenant la dépendance des êtres entre eux ». L'idée que la forme physique signifie d'être assez fort pour opprimer ou détruire les faibles est un mythe, alimenté par des peureux, persuadés de vivre dans un monde où l'homme est un loup pour l'homme, et exigeant de jouer des coudes pour avancer.

Oui, il est vrai, comme les anciens taoïstes l'ont bien compris, que la façon de vivre naturellement d'un être – sa *ziran*, pouvant se traduire par « naturel », « spontanéité », « développement » – pourrait limiter la vie d'êtres se situant plus bas dans la chaîne alimentaire. Un troupeau de wapitis, par exemple, pourrait limiter le développement des herbes et la floraison des plantes. Mais s'ils éradiquaient totalement cette source de nourriture, leur propre vie s'arrêterait. De même, une meute de loups disposés à supprimer chaque wapiti ne tarderait pas à mourir de faim. Et il est aussi probable que les hommes qui n'établissent leur succès que sur l'oppression de leur prochain découvriront un jour leur nid douillet par terre. Nous vivons dans un monde aux conséquences naturelles. Et ces conséquences protègent la vitalité essentielle de l'ensemble.

Dehors, dans le monde non humain, naturel, des individus particulièrement agressifs pourraient se retrouver, non pas au sommet, mais purement et simplement éjectés du patrimoine génétique. Deux cerfs élaphes à la saison du rut s'affrontant agressivement pourraient être trop distraits pour voir que d'autres mâles sont occupés à s'accoupler avec ces mêmes femelles adultes pour lesquelles ils se battent. Des babouins dominants hyperagressifs ont parfois moins de chance quand il s'agit de s'accoupler, que des mâles de moindre statut qui entretiennent de fortes relations avec les femelles. Selon un nombre en augmentation de scientifiques, des biologistes aux généticiens, et aux anthropologues, il serait judicieux de commencer à définir la santé dans son ensemble – que ce soit dans la nature, le corps humain ou la société –, non pas en matière de compétition, mais en fonction du degré de coopération établi.

Lors de ces dizaines d'années où j'ai parcouru le district régional de Northern Rockies, j'ai souvent observé comment les puissants grizzlis passaient moins de temps à choisir des animaux comme proies qu'à se nourrir de papillons, de fourmis, de tubercules et de baies d'aronia. Pour certains, cela risque d'être franchement décevant – voire agaçant –, ce bouleversement d'un monde inventé où d'énormes ours costauds sont censés être des créatures contre lesquelles célébrer sa propre solidité. En écrivant pour *Harper's Magazine* en 1872 sur les grizzlis du haut pays du Colorado, le chasseur

Verplanck Colvin fut terriblement déçu de découvrir le grand ours occupé à se nourrir de modestes sauterelles – une vue, écrivit-il plus tard, qui « fit baisser dans notre estime » l'animal. Proposant un retour à la réalité, l'un des contemporains de Colvin, le grand naturaliste John Burroughs – l'écrivain le plus populaire sur le thème de la nature de 1870 à 1920 en Amérique – dit tout autre chose à propos de la survie. Le défi de la vie, nota-t-il, n'est que « la lutte du poussin pour sortir de sa coquille, ou de la fleur pour surgir de son bouton, ou de la racine pour pénétrer dans la terre. Ce n'est pas la lutte propre à la bataille ou à la haine. »

Puis il y a cet adage très populaire, surtout aux États-Unis, qui désigne quelqu'un par *rugged individual*, un « individualiste farouche ». Cependant, le problème étant : on peut parcourir la Terre, sonder les océans, traverser les banquises, sans trouver nulle part, jamais, une telle chose qu'un être indépendant. Un mâle « alpha » dans une meute de loups s'en prenant à un wapiti mâle en pleine santé au lieu de rejoindre les autres à la poursuite d'une proie plus vulnérable, mourra avant son heure, le crâne fracassé ou les côtes défoncées. Ce n'est pas bon pour lui. Ni pour sa famille. Ni pour son espèce.

Nous, les créatures de cette planète, nous sommes, chacune de nous, complètement et inextricablement interdépendantes. Le lion n'a pas appris à courir vite en étant coupé du monde. Il a maîtrisé sa vitesse en fonction de l'impala qu'il chasse pour se nourrir et qui, lui, a appris en premier à courir un peu plus vite.

Nous ne nous sommes pas accrochés à des notions contraires à la sagesse de la nature par stupidité. Mais alors que la science devenait encore plus populaire, une sorte d'oracle pour trouver d'ultimes vérités, souvent, notre vie s'est retrouvée imprégnée de vues scientifiques vulgarisées. Il arrive parfois que l'on comprenne simplement mal la science – comme avec « la loi du plus fort ». Et parfois, cette interprétation erronée est calculée, à des fins infâmes, comme lorsque de soi-disant darwinistes, à la fin des années 1800, évoquaient la loi du plus fort en parlant d'ouvriers d'usines malades en raison de leurs terribles conditions de travail – les congédiant pour leur faiblesse, leur mort prématurée étant simplement justifiée par « l'ordre de la nature ».

Il existe bon nombre d'exemples moins insidieux de personnes ayant adapté leur vie en fonction de la science et de la technologie populaires du moment. À l'arrivée de Descartes, le monde fonctionnait depuis une bonne centaine d'années avec des rouages, des leviers et des ressorts. Ce qui incita les gens à penser à l'univers comme à une machine – jusqu'au cerveau et au corps des mammifères. De même, quand la chimie était en plein essor au XVIIIe siècle, bon nombre en vinrent à considérer la vie et l'amour humains en termes de réactions chimiques. Puis, quand les premières découvertes capitales dans les communications sans fil furent faites une centaine d'années plus tard, le cerveau se retrouva brusquement comparé au télégraphe. Dans les années 1950, nous sommes devenus des ordinateurs.

Et lorsque la science insista au XVIIe siècle sur le fait que la pensée hyperrationnelle était la seule véritable forme d'intelligence, cette idée, également, prévalut dans chaque aspect de la société. De retour en Angleterre ou en France, il aurait été difficile de rater parmi les personnes éduquées le rejet méprisant de tout art ou littérature inspirés du symbolisme. Ce n'était pas simplement impopulaire, mais franchement offensant de produire de l'art qui ne se pliait pas à l'esprit purement rationnel. Ce qui avait été créé auparavant en matière de poésie et d'histoires, dont ces contes populaires fantaisistes parlant de fées, de lutins, de nymphes et d'esprits des contrées sauvages, fut rejeté d'emblée. Quant aux histoires venues d'Afrique, ou même, celles, riches, à plusieurs niveaux de sens, issues des Amériques, comme celles des Pentagouets et des Iroquois, elles furent rejetées sans tarder comme étant le produit affligeant d'esprits pathétiques, inférieurs.

Dans le pire des cas, le détournement de la science peut partir en vrille, hors de contrôle. Alors que des hommes comme Descartes, Pierre Gassendi et Thomas Hobbes entreprenaient leur mission de désenchantement de la nature, les chefs religieux européens se rallièrent à eux sans tarder. La religion considérant de plus en plus le monde naturel comme la cachette du diable, le désenchantement devint une entreprise sacrée. Cette frénésie prit de l'ampleur jusqu'à être à l'origine de ce qu'on désigna par « le temps des bûchers », lorsqu'au moins cinquante mille femmes et dix mille hommes accusés de sorcellerie furent livrés aux flammes.

Heureusement, au cours de telles périodes, il y a toujours eu des cas particuliers parmi les puissants. Comme de nos jours. Vous pourriez même en faire partie. Ceux qui résistent à l'agitation excessive dans les rues tendant à se ruer sur le dernier truc à la mode. À l'époque des Lumières en Europe, l'Italie était le cas particulier – un pays qui, tout en étant grandement influencé par la logique, refusa de déposer son art sur l'autel de la rationalité. En résultat, certains pays déclarèrent que les écrits italiens étaient irrémédiablement inférieurs, alors même qu'ils donnaient naissance à de magnifiques compositions de poètes, comme Giuseppe Parini et Gasparo Gozzi. Furent aussi rejetées les pensées du philosophe italien, Giambattista Vico, non étranger lui-même à la précision mathématique qui motivait la pensée scientifique. Il n'eut de cesse de mettre en garde de former uniquement les jeunes gens à adopter un comportement analytique, disant qu'une telle concentration excessive risquait de nuire à leur imagination. Rares furent les pays dans le reste de l'Europe qui prirent la peine d'y prêter attention.

Le refus de l'Italie de foncer tête baissée dans l'hyperrationalité pourrait avoir par ailleurs favorisé sa plus grande ouverture aux contributions créatives des femmes. Laura Maria Caterina Bassi, brillante érudite italienne, obtint son diplôme en philosophie en 1732, et la même année, défendit douze autres thèses, ce qui est énorme. On ne lui donna pas carte blanche comme à ses collègues masculins, mais en 1760, elle n'en gagnait pas moins l'un des salaires les plus élevés d'un universitaire dans le pays, poursuivant en devenant une éminente professeure de physique expérimentale au Collegio Montalto, ainsi qu'à l'Institut des sciences. Pendant tout ce temps, des hommes blancs d'une érudition exceptionnelle, vers le nord, en Angleterre, s'employaient à aboutir à la conclusion que l'intelligence masculine, supérieure, était un fait avéré dans la nature.

Ceux qui se refusaient à cet épique effort concerté pour désenchanter, qui se refusèrent à défendre la notion qu'il existe des vérités éternelles discernables par « quiconque doté de bon sens », comme le dit Voltaire, furent jugés ignorants, ne méritant ni respect ni considération. Par conséquent, si vous vous demandez jamais d'où vient l'hostilité envers les intellectuels, ou pour quelle raison les hommes blancs ont aussi souvent contrarié et malmené des gens issus d'autres milieux, l'époque des Lumières est un bon point de départ pour mener l'enquête.

La science en soi s'emploie à présent depuis une bonne centaine d'années à se libérer de sa vieille insistance sur l'objectivité pure. La fin se présenta avec un marteau, et ce marteau fut assené par la physique quantique. Celle-ci a démoli l'idée profondément ancrée que la nature pouvait être disséquée et rester fidèle à l'observation objective. À part cela, il fut révélé que la physique traditionnelle et les mathématiques sur lesquelles elle reposait n'étaient pas, après tout, un moyen infaillible de prédiction. Ce qui fit l'effet d'un séisme, rien de moins.

Au début de l'ère quantique, par l'intermédiaire de ce que l'on appelle l'« expérience des fentes de Young » (*double-slit experiment* en anglais), on découvrit qu'en ce qui concerne la mesure du comportement des électrons, c'est l'acte de mesurer qui détermine leur localisation. Une personne regardant un objet influe sur les aspects en fait perçus de cet objet.

La physique quantique nous a appris qu'en essayant de prouver que l'énergie de la lumière est constituée de particules, c'est ce que l'on découvrira. D'un autre côté, si nous essayons de prouver que la lumière est constituée d'ondes, c'est ce qui se vérifiera à la place. La lumière est constituée des deux simultanément – ou plus précisément, du potentiel des deux. Cette condition à la fois double et potentielle fut suivie de la découverte de ce que l'on appelle en physique quantique « l'effet tunnel », phénomène se produisant quand des particules frappent contre des barrières apparemment impénétrables et les traversent mystérieusement pour apparaître de l'autre côté. Et nous y voilà ! Au niveau subatomique – la fondation même de toute vie –, il n'y a que peu d'informations en matière de réalité ultime, ou tout du moins, les choses sont beaucoup moins certaines que ce que l'on s'imagine depuis longtemps. Ce qui existe plutôt, ce sont d'innombrables potentiels, tous présents au même moment. Le monde n'est pas du tout fixe. En vérité, il s'agit d'un lieu plutôt flou et mystérieux – moins motivé par la vérité ultime, que par les relations difficiles à cerner et les potentiels changeants.

Le génie étant sorti de la bouteille, ces connaissances étaient dorénavant accessibles à tous. Et les scientifiques ne tardèrent pas à se demander si les comportements quantiques pouvaient également être observés dans le domaine de la biologie. Même de nos jours, l'exploration des phénomènes quantiques fait des croche-pieds à de nombreux biologistes qui pensaient connaître la nature même de la nature. La chlorophylle seule sème la zizanie. On sait maintenant que dès l'instant où une molécule de chlorophylle capte un photon de lumière du soleil, elle envoie ce photon à une sorte de centre de traitement, où il est transformé en énergie chimique. Mais en route pour sa conversion, le photon ne suit pas qu'une seule voie. Il en explore de nombreuses autres *en même temps*, s'ajustant instantanément – sans aucun passage de temps discernable – pour localiser la voie de la moindre résistance. Il va sans dire que vous pourriez vous poser cette question : « Là maintenant, où vais-je trouver le photon ? » Mais si vous vous attendez à une réponse en accord avec les règles de la physique conventionnelle, qui vous assure qu'il peut être précisément localisé – eh bien, c'est alors que les choses commencent à se gâter !

On fait actuellement face à l'impossibilité de déterminer sans équivoque même ce qui vous est ou non propre dans le monde, à vous seul. Ou d'ailleurs, ce qui est propre à une tortue, à un zèbre ou à une cellule bactérienne. Les animaux, les plantes, les insectes et les hommes ne sont pas indépendants, loin de là, ce qui signifie qu'il n'est pas vraiment possible de les définir en fonction de limites précises. Au lieu de cela, comme Thich Nhat Hanh le dit essentiellement en parlant de cette feuille de papier vierge, tout constitue une trame tissée complexe, de relations et de limites poreuses, superposées. Tout, en d'autres termes, contient tout.

Grâce en partie à la physique quantique, en vous rendant aujourd'hui à une conférence à l'université d'Utrecht aux Pays-Bas, peut-être donnée par Jim Al-Khalili, brillant physicien, votre expérience serait tout autre qu'en assistant à la conférence de Descartes quatre cents ans plus tôt. Il est probable qu'Al-Khalili parle du monde avec des inflexions étonnées dans la voix, aux anges face au mystère de celui-ci, qualifiant les processus de la biologie quantique de « presque magiques ».

Au lieu de la doctrine cartésienne de l'animal-machine, nous entendons évoquer une vision à couper le souffle d'une réalité partagée. En ayant le sentiment remarquable que plus nous en savons, plus nous ne savons pas.

« La science ne peut pas résoudre le mystère ultime de la nature, concéda en 1932 le brillant prix Nobel et physicien, père de la physique quantique, Max Planck, et cela, parce qu'en dernière analyse, nous faisons nous-mêmes partie du mystère que nous essayons de résoudre. » Le simple fait de le dire fut d'une importance capitale. Tellement, d'ailleurs, que quatre-vingt-dix ans plus tard, bon nombre d'entre nous essaient encore d'y comprendre quelque chose.

Nous sommes à des années de l'objectivité pure, tenue pour être la seule et unique voie véritable. Cependant, en sortant ce soir pour contempler les étoiles et les planètes, mon premier sentiment sera que tous ces magnifiques points lumineux scintillants – Orion, la Grande Ourse, Mars et Jupiter – sont incroyablement splendides « là-dehors », eux dans leur monde, et moi, ici en bas, dans le mien. Cela demandera un peu de temps, un peu de stabilité, avant que je puisse vraiment *ressentir* que la puissance de la création à l'origine de la masse, de l'orbite et de l'alchimie de ces étoiles et de ces planètes, est celle-là même, avec des matériaux identiques, qui est à l'origine d'une Terre accueillant une telle abondance stupéfiante de vies. Quand je réussis, quand je parviens à aller au-delà des éléments disparates pour me reposer plutôt sur ce qui est vraiment un immense espace fluide de relations, alors – et seulement alors – la maxime souvent citée, disant que nous sommes tous faits de poussières d'étoiles, passe de la poésie à la réalité.

Au début des années 1990, j'étais dans le nord de l'État de New York, où je faisais des recherches pour un merveilleux projet de livre sur des personnes vivant toujours en accord avec la beauté et les enseignements de la forêt américaine. Un jour de repos – du temps bienvenu, passé en excursion sans but dans mon vieux minivan –, je suis parti me faire une meilleure idée des grandes routes le long du fleuve Hudson. Sans vraiment chercher quoi que ce soit en particulier ; simplement en prenant un virage ici à droite, là à gauche, attendant que quelque chose retienne mon attention. Le soleil déversait ses rayons sur les montagnes Catskill, rappelant des miches de pain plissées, illuminant le fleuve d'un éclair argenté à couper le souffle.

Mais l'heure de pointe approchant, beaucoup de monde était sur la route, personne n'étant d'humeur à se retrouver derrière une espèce de badaud du Montana conduisant comme si ses lunettes venaient de lui échapper par la fenêtre.

Les coups de klaxon, parfois accompagnés de gestes plus explicites, m'incitèrent à trouver un embranchement. La première occasion se présenta à une étroite route boisée, menant à un lieu du nom d'« Olana ». C'est ainsi que je me suis retrouvé sur une haute falaise surplombant le fleuve Hudson, à la magnifique demeure d'inspiration mauresque du peintre de paysages du XIXe siècle, Frederic Church – quelque temps, l'artiste le plus célèbre en Amérique.

Le musée était fermé, mais son directeur, Jim Ryan, eut l'amabilité de m'inviter à visiter quelques-unes des pièces. Quand il parla de Frederic Church et de l'« École du fleuve Hudson » (*Hudson River School*) réputée, d'art du paysage en général, sa voix, le mouvement fluide de ses bras, faisaient penser au réconfort aisé des vieux livres et des fauteuils rembourrés. Je me mis à m'imaginer en train de l'écouter dans une veste d'intérieur, avec un petit verre de brandy.

L'attention portée aux détails dans cette belle demeure se révéla captivante. Chaque pièce était remplie d'une collection d'œuvres d'art venues du monde entier, de la Chine à l'Assyrie, et au Mexique. Les murs intérieurs présentaient des tableaux et des dessins, où chaque couleur avait été mélangée avec soin par Church sur ses palettes. Pendant ce temps, de larges vues verdoyantes affluaient par chaque fenêtre. Dans le salon, se trouvait l'esquisse finale de *Twilight in the Wilderness*, tableau de Church considéré par certains comme l'une des plus grandes œuvres d'art dans l'histoire américaine. La scène représentée était riche de nature, peinte la veille de la guerre civile. Et en raison de cela, l'ensemble était sombre et rouge, retenant son souffle, comme si chaque bonne chose s'apprêtait à nous échapper.

En passant d'un pas nonchalant à côté d'autres peintures, dans le peu de luminosité du musée fermé, certaines créées par le brillant contemporain de Church, Thomas Cole, je me surpris à repenser subitement à mon enfance. Il s'agissait de ces mêmes images qui, à 11 ans, m'avaient fait rêver d'une nature plus vaste, toute l'idée de sa beauté sauvage m'imprégnant à partir des pages des livres d'art qui, chaque semaine, me subjuguaient à la bibliothèque publique de South Bend. Ces artistes de l'« École du fleuve Hudson » m'avaient transmis les mythes et les désirs de toute une culture ; je m'en inspirais profondément, et ne tardais pas à me les approprier.

Mais quelque chose d'autre dans leurs œuvres influa finalement sur mon expérience du monde qui m'entourait, un grand regret : en l'occurrence, qu'en raison de notre négligence et de nos abus envers la nature, nous, les Américains, nous nous étions retrouvés en dehors de son cercle sacré. Toutes ces années plus tôt, nous étions arrivés dans un véritable jardin d'Éden, disaient les peintres du fleuve Hudson, et à cause de notre avidité, nous nous en étions bannis. Les forêts ravagées, trop coupées, de la Nouvelle-Angleterre que ces artistes voyaient au milieu du XIXe siècle, les bassins-versants et les pêcheries ruinés qui en résultèrent, étaient pour eux un affront envers Dieu. Bon nombre, comme Thomas Moran et Albert Bierstadt, se rendirent à l'ouest pour se concentrer sur des paysages moins abîmés. Et alors que les représentations de la nature sur leurs toiles étaient de plus grande proportion, les figures humaines, du moins de type blanc, y étaient minuscules, au point d'en être à peine visibles.

Cette notion se révéla d'une puissance considérable, ce sentiment d'être à jamais séparé de la Terre, d'être renvoyé du jardin. Et cela demeure une pierre angulaire de notre perception actuelle de nous-mêmes. Des lieux agréables, magnifiques et sauvages d'un côté, des êtres humains cupides de l'autre. Quand j'étais jeune, agacé par tout, de l'accident nucléaire de Three Mile Island, des décharges toxiques de source industrielle de Love Canal, une banlieue de Niagara Falls, et à celles brûlant lentement à East Chicago, j'accueillis à bras ouverts cette même idée. La demeure de Church à Olana, surplombant l'Hudson, et incroyablement magnifique, me donna ce jour d'été l'impression d'incarner un monument à ma colère et à ma tristesse.

Cependant, l'idée de se bannir du jardin en guise d'autopunition est en soi un piège, une sorte de raisonnement binaire, qui, à sa façon, est un acte de séparation pas moins chosifiant que l'idée des Grecs que la nature ne pouvait être étudiée qu'en s'en distançant, s'en séparant. Nous n'avons pas à nous bannir du jardin. Nous restons en relation, car c'est le seul moyen pour que tout un chacun puisse vivre sur cette planète. Nous pouvons regretter nos erreurs, respirer un bon coup, et nous employer patiemment à remédier à ces relations tendues ou ruinées par notre faute.

Vu ce qui se fait jour au sujet de l'importance cruciale de l'interdépendance dans la nature, il ne devrait pas être très surprenant que certaines des plus vieilles histoires sur la planète s'y rapportent précisément. Celle-ci, de Java, en Indonésie, n'est que l'une parmi des centaines, chacune avec sa propre galerie de personnages basée sur sa localisation dans le monde. Mais ce qui demeure invariable, c'est que ces personnages se retrouvent toujours piégés face au même dilemme.

Forêt et Tigre étaient les meilleurs amis. Ils parlaient de ci et de ça, mais avant tout, ils aimaient simplement être ensemble, à regarder le va-et-vient des saisons, à suivre le cycle du soleil et de la lune alors qu'ils glissaient dans le ciel, bien au-dessus des branches des arbres. À l'arrivée des hommes, les deux amis en vinrent à s'apprécier d'autant plus. Vous voyez, les gens étaient réticents à venir couper les arbres par peur d'être dévorés par Tigre ; de même, si les hommes arrivaient armés de lances, déterminés à traquer Tigre, les ombres de la forêt lui permettaient de trouver des cachettes où se réfugier pour éviter qu'on lui fasse du mal.

Mais comme cela se produit parfois, même entre bons amis, le jour vint où ces deux-là commencèrent à se tenir pour acquis. Avec le temps, cela mena à du ressentiment, du mépris. « Tu ne fais pas grand-chose par ta présence ici, si ce n'est souiller mon sol magnifique », dit un jour Forêt à Tigre. Celui-ci répondit de même, se moquant de ses fourrés sombres et lugubres, lui disant combien ce genre de lieu était problématique, combien il était difficile pour lui de réchauffer son dos aux rayons du soleil. Les choses continuèrent à aller de mal en pis, et un jour, Tigre s'en alla, tout simplement, dans le monde des étendues de collines et de vallées.

Il est à regretter qu'il ne fallût pas longtemps aux hommes pour découvrir que la forêt n'avait plus de gardien. Ils s'empressèrent de couper les arbres comme si leur vie en dépendait, jusqu'à ce que la forêt, à une époque magnifique, ne soit plus qu'un lieu dénudé, dénué de vie. Et Tigre ne s'en tira pas mieux. Incapable de se cacher dans ces fourrés sombres, des hommes armés de lances le trouvèrent facilement, le tuèrent, ainsi que toute sa famille. Et c'est ainsi que ce qui avait initialement semblé n'être rien de plus qu'une brouille entre amis se révéla être en fait le commencement de la fin – la disparition de la Forêt, comme du Tigre.

Les premiers conteurs de cette histoire avaient toute conscience de l'importance de la relation dans la nature, de la nécessité de l'équilibre. Et en dépit de ces siècles traversés où les hommes affirmaient le contraire, les objets ne sont pas, ni n'ont jamais été, plus réels que les relations. Cet arbre, cette vache, et cette personne de l'autre côté de la rue, avec des bottines rouges et un parapluie noir, sont des expressions uniques des schémas fluctuants qui nous soutiennent tous. S'intéresser à tout équivaut à s'intéresser au monde, à s'y investir.

Ce fait accepté sans hésitation fera de la place pour un « état d'esprit novice », en quelque sorte, pour emprunter un concept issu des pratiques orientales de méditation. Le reste du changement découle du fait de se placer dans des situations où l'apport sensoriel que l'on obtient dépasse de loin notre entendement. Il s'agit de réduire ce besoin de piéger la réalité sous un verre.

C'est là que la nature se présente. Une profonde expérience en découlant peut produire de puissants changements d'ordre perceptif, permettant en partie de légèrement submerger ce que notre cerveau anticipe dans la vie quotidienne, sur la façon dont les choses fonctionnent, et sur ce qui se passera par la suite. Dans un sens, on est davantage réceptif aux couleurs, à la lumière, aux mouvements, aux sons, aux odeurs et aux relations qu'il nous est même possible de traiter mentalement. Au lieu d'être source d'anxiété, cependant, ce genre de festin sensoriel peut en fait mener à un adoucissement, un assouplissement. Cela peut vous guider vers un lieu où non seulement vous ne saurez pas ce qui se passe autour de vous, mais vous vous en féliciterez par la même occasion. L'effet s'apparente à une toile vierge sur laquelle concevoir et représenter de nouvelles façons de penser d'ordre relationnel.

En approfondissant cette approche pour reconnaître le rôle de l'interdépendance dans la vie sur la planète Terre, il est important de noter que cela signifie par ailleurs d'être en relation avec les autres. Après tout, qui l'on est a été en majeure partie façonné par ces interactions avec ceux que l'on aime, et simultanément, par l'un ou l'autre de ces murs que l'on a peut-être érigés pour se protéger de certaines personnes ou certains groupes que l'on n'apprécie pas, ou simplement que l'on ne connaît pas. Il est particulièrement fascinant de considérer que, selon les recherches dans le domaine encore à ses balbutiements de l'épigénétique, ce que l'on vit comme expériences dans la vie pourrait reposer à un certain degré sur celles qu'ont vécues nos ancêtres. Se reflétant par des caractéristiques physiques, cela dit, mais aussi par de profonds traumatismes semblant transmis au fil du temps par notre génome, réapparaissant potentiellement dans certains comportements, voire des maladies, à chaque nouvelle génération. Les survivants de l'Holocauste, par exemple, tendent à avoir des taux plus bas de cortisol, l'hormone du stress – une caractéristique qui, selon toutes les indications, semble avoir été transmise à leurs descendants, d'où résulte un facteur de risque potentiel en cas de niveaux élevés de stress.

Cependant, certains psychologues commençant d'ailleurs à se pencher sur la question, et si cela pouvait aussi se vérifier que l'étendue de bonheur profond que nous connaissons dans notre vie – au point de guérir de nos peurs et de notre souffrance grâce à ces conditions positives –, cette résilience, pourrait également s'exprimer dans les générations futures ?

En entreprenant ce voyage pour mieux accepter ces données propres à la relation, il serait bénéfique de réfléchir à l'ancien concept humaniste *ubuntu*, du peuple Nguni, qui fait partie des Bantous de l'Afrique australe. Le concept *ubuntu* reconnaît que toute l'humanité est liée avant tout par les liens du partage. Et de plus, que la véritable richesse, la véritable satisfaction, ne peut être vraiment atteinte, si notre propre prospérité n'est pas partagée avec nos compagnons de voyage dans ce monde. D'un côté, une telle notion fait écho aux premières doctrines de quasiment toutes les religions sur Terre. Et simultanément, au simple niveau pratique, il s'agit de vivre de façon à garantir le bien-être de nos petits-enfants – par l'intermédiaire de la santé, du monde extérieur que nous leur transmettons, et du monde intérieur, également. Guérir dans notre vie, ce que d'innombrables poètes et artistes ont essayé de nous faire comprendre au fil du temps, signifie d'apprendre à voir la vie comme une danse créative, passionnée, désordonnée, légère et joyeuse. Non pas comme une danse en solo, mais une valse étourdissante, dynamique, avec une diversité spectaculaire de partenaires, humains et non-humains.

Pour revenir au poète Walt Whitman : en essayant de se rétablir de l'attaque qui l'avait laissé à moitié paralysé, il était encore traumatisé après avoir été infirmier sur des champs de bataille cauchemardesques pendant la guerre civile. Il partit s'installer quelque temps dans un lopin de forêt du New Jersey, du nom de Stafford Farm, près de Timber Creek.

Peu après son arrivée, il se mit à écrire dans ses cahiers, dans une envolée lyrique, inspiré par un vieil arbre qu'il avait trouvé incroyablement réconfortant.

«Comme il est fort, vital, tenace ! [...] Quelles suggestions d'imperturbabilité et d'*être*, à l'encontre du trait de caractère humain du simple *paraître.* »

La science, poursuit-il, avait tendance à se moquer de la façon dont certaines personnes se remémorent des nymphes esprits de la forêt, ou encore de l'idée que les arbres nous parlent. Mais ces souvenirs, insistait-il, se vérifiaient presque autant que tout autre point de vue, et étaient généralement plus profonds. Allez vous asseoir dans un bosquet ou les bois, conseillait-il. Asseyez-vous avec l'un ou plusieurs de ces compagnons sans voix, et pensez, tout simplement.

«Après avoir épuisé ce qui constitue les affaires, la politique, la convivialité, l'amour, etc. – ayant découvert que rien de cela ne vous satisfait finalement, ou que cela s'use irrémédiablement – que reste-t-il ? La nature. »

Comme Whitman le suggère, il est peu judicieux d'ignorer la valeur de nos rêves éveillés, en dénigrant nos idées folles comme étant banales, imprécises, ne méritant pas que l'on s'y attarde sérieusement. En procédant ainsi, cela coupe les ailes à la relation en formation depuis des millénaires avec la Terre.

Curieusement, accéder à ce type d'intelligence plus vaste, plus imaginative, semble par ailleurs développer notre aptitude à la sympathie et à la compassion. Ce qui n'est pas négligeable du point de vue de la santé mentale. Darwin disait que la sympathie était l'un de nos instincts les plus précieux, mais aussi le plus fort. Selon des recherches récentes effectuées par Elizabeth Nisbet et John Zelenski, professeurs de psychologie, le niveau de relation émotionnelle qu'on entretient avec la nature prédit en fait la probabilité pour soi de favoriser une vie saine, contentée, productive – dont l'un des aspects se révèle être la tolérance et l'amour envers autrui. Quand on démonte le mur qui nous sépare du monde naturel, ce qui se présente aussitôt, c'est le plaisir de la réunion.

Dans la culture dominante, certains d'entre nous ont eu tendance à présumer que les civilisations autochtones – vivant dans certaines régions depuis des milliers d'années – survivaient principalement du fait que leurs technologies étaient si limitées, que le prélèvement immodéré des ressources n'était pas une option. Pour être honnête, j'ai grandi en pensant exactement cela. Si elles avaient eu la machinerie extractive que nous avons, on pourrait supposer qu'elles aussi, elles auraient prélevé tout ce qu'elles auraient pu.

Mais il est quasiment certain que la longévité de ces civilisations a beaucoup plus à voir avec la pratique de l'équilibre, développée en étant exposées au quotidien au monde naturel, en vivant chaque jour en immersion profonde dans l'expérience d'être lié à « l'autre ». En vivant ainsi, cela incita ces peuples à être beaucoup moins enclins à perturber le réseau, à ternir la bénédiction qu'est la vie en général. Il leur suffisait de regarder le monde en soi pour nourrir la conviction qu'en perturber l'équilibre ferait courir le risque de terribles pertes, de voir leur vie dépossédée en tout et pour tout de ce qui les nourrit et les réconforte, et il est même possible, de désolidariser l'ensemble de la société.

L'auteure Sylvia Plath, venant d'avoir 19 ans, relata dans son journal un après-midi passé sur une immense plage de galets, où elle grimpa sur un énorme rocher surplombant la mer. De ce point de vue, elle contempla le flux et le reflux des marées, le passage silencieux des voiliers poussés par le vent à l'horizon lointain. Elle réfléchit à la façon dont l'eau et les conditions météorologiques avaient sculpté, poncé et brisé les rochers le long du rivage. Il y avait le bruit et la sensation du vent effleurant les herbes à proximité, ébouriffant ses cheveux. Comme tant d'autres qui se rendent dans de magnifiques endroits du monde de la nature, elle en revenait transformée, ce qui lui permit de considérer avec des yeux neufs sa propre vie.

Après de telles expériences, elle expliquait aussi : « Une foi s'élève, à ramener à un monde humain de petits désirs et de petitesses malhonnêtes. Une foi, naïve et peut-être d'enfant, née telle qu'elle est de l'infinie simplicité de la nature. Il s'agit du sentiment, qu'indépendamment des idées ou de la conduite d'autrui, il y a là une justesse et une beauté uniques à la vie, qu'il est possible de partager dans l'ouverture, dans le vent et l'éclat du soleil. »

Je sais quelque chose de cette foi. Après avoir observé dix mille flamants roses s'installer dans le cratère du Ngorongoro en Tanzanie, et repris mon souffle à la vue de caribous dansant comme des poneys trotteurs sur l'étendue fragmentée de la toundra du Grand Nord.

Mais je vécus l'une des journées les plus impressionnantes à mi-parcours d'une randonnée de 805 km au périmètre de Yellowstone. Je me trouvais dans les fondrières paisibles de la magnifique vallée de la rivière Bechler, à l'angle sud-ouest du parc. Ayant monté ma tente, j'attrapai en vitesse mon magnétophone et mon journal pour descendre jusqu'à un siège herbeux, à la lisière d'un bosquet d'arbres, sur la berge ouest de la rivière. En ce lieu, dans un lopin tapissé d'achillée millefeuille semblable à de la dentelle, j'attendis. Dans l'Ouest aride, après tout, presque toutes les créatures vivantes se rendent tôt ou tard à la rivière. C'était la fin de l'été, le ciel était d'un bleu parfait. L'air était rempli de l'odeur des pins et de l'herbe de blé séchée. En contrebas, le long de cinq coudes peu prononcés de la rivière, d'innombrables ondes concentriques s'étendaient à la surface de l'eau quand les truites y affleuraient pour gober les moustiques – et juste au-dessus, des hirondelles bicolores zigzaguaient pour choper des insectes en vol. Des prairies vers l'ouest, me parvenait le gloussement flûté, primitif, des grues du Canada.

Bientôt, une jolie femelle orignal descendit d'un pas tranquille sur la rive opposée, traversant pour commencer un festin décontracté de saule et de potamots – restant là une bonne heure, avant, finalement, de s'éloigner d'une démarche arrogante dans la forêt broussailleuse. Il s'avéra qu'elle était une sorte de grand maréchal, donnant le coup d'envoi à ce qui ressemblait aux parades des animaux à Mardi gras. Tout d'abord, un harle femelle dériva avec sa couvée de canetons. Puis, à une centaine de mètres derrière, une famille de colverts, menée par l'une des mères les plus indomptables dans tout le monde des oiseaux, se laissait porter par le courant au travers de rubans d'herbes aquatiques d'un vert doux. Puis un balbuzard survolant la rivière, à la recherche de poissons, l'air, en passant à vive allure sous ses ailes, produisant des sons pareils à des murmures.

Je commençais à avoir faim, mais la rivière me retenait. Se présenta ensuite une famille de castors, nageant contre le courant le long de la berge à distance, puis faisant une pause à juste une trentaine de mètres de moi pour s'amuser un peu – l'un des adultes battant de la queue avec un claquement sonore, l'eau éclaboussant tout autour, non pas pour alerter d'un danger, comme c'est souvent le cas, mais pour annoncer ce qui semblait être le début d'une partie de chasse, toute la troupe vivant comme si le danger était à des jours de distance. Ils venaient tout juste de repartir quand une loutre apparut – l'une de mes créatures préférées –, glissant sous l'eau puis remontant avec une truite fardée, avant de se retourner sur le dos pour s'en régaler sur son ventre, tout en me jetant des coups d'œil de temps à autre, comme pour me montrer un chapitre de la bonne vie selon les loutres.

À ce moment-là, j'avais plutôt l'impression d'être tombé sur une fissure cosmique. Mon magnétophone était allumé, je lui murmurais les détails de chaque créature qui passait. Aujourd'hui encore, je souris à l'écoute de l'excitation qui se reflète dans ma voix sur cette cassette où je décris précisément ces événements. Dix minutes plus tard, d'autres visiteurs se présentèrent. Nageant en longeant le bord opposé de la rivière, grignotant des joncs et les bulbes de diverses plantes aquatiques, une famille de rats musqués.

Je sus alors que, même sans avoir jamais remis les pieds dans ce paysage, je me sentirais plus tranquille en sachant qu'il se trouvait là, comme lorsqu'on trouve du réconfort à la pensée de ces compositeurs de nouvelle musique, qu'elle parvienne ou non à nos oreilles. J'étais plus centré lors de ces deux heures si agréables, adouci et encouragé par cette manifestation de la vie, si riche et si complexe, que la seule pensée valant la peine d'avoir équivalait à s'oublier, en quelque sorte, face à cet émerveillement que l'ensemble de ce tableau suscitait.

Vingt-cinq ans plus tard, je suis plus que convaincu que la nature a le pouvoir – même en doses bien plus petites que ce que j'ai vu le long de la rivière Bechler – de nous libérer quelque temps de cette obsession usante envers soi. Lors de ces premiers instants près de la rivière, j'étais un randonneur calculant les kilomètres parcourus. Savourant mes prouesses physiques, étayant ma propre histoire. Mais les hanches ondulantes de la Bechler, les couleurs douces des prairies, et la nage gracieuse des castors et des rats musqués, m'amadouèrent au point de m'oublier, en enracinant en moi un sentiment de la *fiabilité* phénoménale, sans faille, des relations propres à la nature. L'espèce de réalité libérée qui fait qu'en quelque sorte, il est sans danger, si ce n'est un bref instant, de dépasser les limites de notre vie, pour ouvrir les bras et invoquer quelque chose de plus vaste que ce que l'on voit souvent à des heures plus ordinaires.

3

TROISIÈME ENSEIGNEMENT

Plus il y a de formes de vie dans la forêt, plus cette vie gagne en force

> Ce qui est désiré, c'est le genre de diversité qui respecte en totalité les valeurs et les intérêts de tous.
>
> **Sandra Harding**

À 21 ans, je travaillais comme naturaliste pour le service des forêts, dans les montagnes Sawtooth de l'Idaho ; un jour, fin juin, j'étais dehors avec mon patron et tuteur, Chuck Ebersole, un vétéran de la Marine à la retraite de 62 ans. Chuck était brillant, un peu grincheux, et en ce qui concernait la nature, expansif au-delà de ce qui est imaginable. À mon arrivée dans les Sawtooth, il me guida lors d'une série d'excursions d'orientation dans la vallée du même nom, trimballés comme nous l'étions tous les deux dans sa Chevy Vega vrombissante d'un vert administratif. En plus d'une occasion, en fonçant sur l'autoroute, il regardait par la vitre latérale, pilait et sortait d'un bond de la voiture pour partir en courant dans un fossé, une prairie ou un lopin de forêt à proximité, me pressant de le suivre, tous ses propos ponctués d'un certain nombre de points d'exclamation, dans l'intention de me montrer quelque chose de surprenant au sujet d'une fleur, d'un arbre, ou d'une ancienne dalle rocheuse. Un genre de comportement frénétique que la plupart des gens n'adopteraient qu'en découvrant des sacs pleins de billets. Mais pour lui, tout dans la nature était une occasion de m'apprendre quelque chose. Et à la fin de ses cours, poings et dents serrés, ses yeux flamboyaient d'une euphorie à peine contenue.

Un jour, Chuck annonça qu'il nous fallait nous rendre à pied à l'une de ses prairies de montagne préférées. Comme d'habitude, j'ignorais ce qu'il avait en tête, mais j'ai pris mon sac pour la journée, resserré les lacets de mes chaussures de marche et rempli ma gourde, et nous voilà partis. Après au moins deux heures de marche, nous sommes arrivés au sommet d'une dernière montée alpine, j'en restai bouche bée. Devant moi se trouvait le flanc vertigineux d'une montagne, recouvert d'une tapisserie ornementale de fleurs sauvages, les plus splendides que j'ai jamais vues : penstémons, géraniums et boutons d'or, potentilles, castillejas ou pinceaux indiens, jacinthes des bois, têtes d'éléphant, benoîtes à trois fleurs et mimules. Nous sommes restés simplement côte à côte un bon moment, en silence, j'avais l'impression que ma vie se déroulait en plein milieu d'un tableau de Monet. Finalement, Chuck engagea une conversation digne de Socrate, en me bombardant patiemment de questions.

> Alors, Gary. Pourquoi penses-tu qu'il y ait autant d'espèces de fleurs par ici ?
> Eh bien, me hasardai-je, parce que les conditions du sol, l'humidité et la lumière sont simplement favorables à beaucoup d'espèces ?
> Ouais, d'accord. Mais pourquoi à toutes ces espèces ? Pourquoi pas à juste deux ou trois ?

Celle-là me posa une colle.

Réfléchis une minute. Quel genre de choses pourrait représenter une menace par ici ?

La maladie, me risquai-je. Des insectes. La sécheresse.

D'accord, alors disons que c'est une grosse sécheresse. Qu'arriverait-il à cette prairie ?

Eh bien, certaines plantes mourraient.

Et pourquoi pas toutes ?

Parce que certaines ont des racines plus profondes, et seraient en mesure de survivre. D'autres ont des feuilles à cuticule cireuse qui conservent l'humidité.

Bien. Et pourquoi serait-ce si important qu'elles survivent ?

Hum, la pente est raide, par conséquent, plus il y a de systèmes racinaires pour la constituer, moins il y a de risque d'érosion du sol.

Il hocha la tête, sans être satisfait. Quoi d'autre ?

À ce moment-là, un énorme taon atterrit sur ma joue, et je le chassai d'une baffe.

C'est ça. Les mouches, dit Chuck avec un grand sourire, alors même que je n'avais pas dit un mot. Si une partie de la végétation survit, les mouches ne s'arrêtent pas. Comme ce papillon là-bas, un Argynne cybèle.

Et comme le wapiti, aussi ? suggérai-je, en indiquant du doigt un tas de crottes à nos pieds, me risquant à deviner que les wapitis, eux aussi, auraient encore de quoi paître, même si certaines plantes avaient disparu.

Alors, qu'est-ce que tu veux dire par là ?

J'en bégayai. Eh bien, je veux dire que des fleurs différentes ont différentes stratégies pour survivre. Ce qui signifie que si certaines d'entre elles disparaissent, d'autres survivront.

Et ?

Et comme elles survivent, l'écosystème aussi.

Tu me dis donc que la nature protège ses arrières.
J'acquiesçai. C'était à peu près ça.
Il respira un bon coup. J'en fis autant.

Main dans la main avec le fait que nous sommes en relation avec presque chaque autre créature vivante sur Terre, se trouve cet enseignement de taille et irréfutable : plus il y a de joueurs dans un écosystème naturel, plus ces joueurs seront dynamiques. Et également, plus l'écosystème sera résilient face au changement. Et dans ce monde, les choses n'arrêtent pas de changer. Cette planète magnifiquement riche et robuste n'est rien en toutes saisons, si ce n'est un témoignage en déploiement constant en faveur du pouvoir fondamental de la diversité.

La centaine de millions ou à peu près d'espèces de plantes, d'animaux, d'insectes et de microbes sur Terre constitue une couche vivante étonnamment dynamique, profondément en relation. Une couche qui, par le biais d'un échange complexe de processus chimiques, réunit et soutient l'atmosphère, les masses continentales, et les océans, les mers, les rivières et les ruisseaux. Il n'est pas exagéré de dire que la diversité est responsable de nous donner de l'air respirable et de l'eau potable. Pour ne pas mentionner de réalimenter les terres cultivables, ainsi qu'en produisant des insectes nécessaires à la pollinisation des cultures.

Grâce à la photosynthèse dans tout, des arbres de la forêt aux herbes des prairies, en passant par le phytoplancton dans l'océan, nous avons l'oxygène nécessaire pour respirer. Entretemps, des plantes de tout genre séquestrent du carbone – essentiel à une atmosphère saine. Cependant, une grande variété de plantes sont des filtres naturels qui retiennent les polluants, dont le saule, l'aulne, l'iris et la massette-quenouille. Et dans les profondeurs de la terre, hors de vue, se trouve une collection extrêmement variée de micro-organismes qui rendent disponibles les éléments nutritifs pour garder ces plantes en vie, et ainsi, permettre au monde de tenir.

Il n'y a donc ici même que l'embarras du choix parmi tant de richesses. Jusqu'ici, plus de quatre-vingt mille plantes comestibles ont été découvertes, un nombre qui ne cesse d'augmenter. La diversité nous a tout donné, des fibres pour nos vêtements – coton et chanvre, soie, laine et lin – au pétrole qui alimente en carburant nos automobiles, dérivé en majeure partie d'un groupe diversifié d'anciennes formes de vie marines, dont le zooplancton et les algues, enfouis et pressurisés sous des couches de sédiments et de roches.

Puis il y a ces milliers de médicaments salvateurs sur lesquels nous en sommes arrivés à compter, la nature, même de nos jours, contribuant au moins à hauteur de 40 % aux traitements pharmaceutiques actuels dans le monde : le Coumadin pour éviter les crises cardiaques et les AVC, produit à l'origine à partir de mélilot fermenté ; l'aspirine, initialement extraite du saule blanc ; le principal médicament pour traiter la leucémie chez l'enfant et le lymphome de Hodgkin, autrefois fatal, extrait de la pervenche de Madagascar ; les antibiotiques et les médicaments contre l'excès de cholestérol produits à partir de microbes ; ceux courants pour la tension artérielle issus de la vipère brésilienne (*Bothrops jararaca*) ; l'AZT (zidovudine ou azidothymidine), traitement pour le VIH et le sida, produit à partir d'un composé dans les éponges marines ; les médicaments contre le diabète issus du monstre de Gila ; la soie des araignées pour produire des tendons et ligaments artificiels, les escargots marins appelés « cônes » pour traiter l'épilepsie, le corail pour des traitements contre le cancer. Même le sang (prélevé sans les tuer) des limules, arthropodes marins ressemblant à des crabes en forme de fer à cheval, est jusqu'à ce jour essentiel dans les hôpitaux pour juguler les infections mortelles. Peut-être d'autant plus fascinant encore, cette recherche récente qui montre que les taux chez l'homme d'infection respiratoire, de malaria, et même de maladie de Lyme sont plus bas chez ceux vivant à proximité de zones naturelles protégées, généralement intactes. Par conséquent, à part en extraire certains médicaments, il est quasiment possible que la simple présence de la nature, diversifiée et dynamique, soit une clé pour favoriser notre santé physique.

En considérant la diversité comme principal indicateur pour déterminer la résilience d'un écosystème naturel, on constate que ce n'est pas une simple question de survie au fil du temps, en s'adaptant aux circonstances changeantes qui caractérisent une planète dynamique. Cela a également à voir avec la façon dont la communauté parvient à se rétablir du mieux possible après un cataclysme, comme un incendie ou une inondation, une épidémie ou une invasion d'insectes, un ouragan ou la sécheresse. Voilà ce que m'a appris Chuck Ebersole là-haut, sur cette montagne des Sawtooth, toutes ces années plus tôt : que si le désastre frappe des espèces particulières de plantes, s'il y a suffisamment de diversité, il est plus que probable que l'ensemble de l'écosystème ne sera pas anéanti par ce bouleversement. Et l'écosystème demeurant en place, ces espèces ayant subi des pertes ont beaucoup plus de chances de réapparaître.

Cela se vérifie quasiment de même chez les animaux, où rien que la diversité de comportements ou de personnalités peut se révéler être une aubaine. Une ruche d'abeilles, par exemple, bénéficiera d'avoir des butineuses qui se concentrent rapidement sur la recherche du nectar, à partir de tout un assortiment de fleurs, certaines avec et d'autres sans – et simultanément, d'avoir un groupe d'ouvrières plus lentes, mais faisant preuve de beaucoup plus de discernement. Le monde des cincles, cependant, est plus stable du fait que certains oiseaux vivent à l'année près du ruisseau où ils ont élu domicile, tandis que leurs voisins choisissent de migrer vers d'autres régions pour passer l'hiver – des préférences, à propos, non obligatoirement liées aux comportements de leurs parents. Et alors qu'un merlebleu agressif pourrait être juste ce qu'il faut pour veiller sur son territoire, ses cousins plus sociables s'en sortent mieux quand il s'agit de se reproduire.

La nature essentielle de la diversité et notre dépendance totale vis-à-vis d'elle expliquent l'anxiété considérable dans le milieu scientifique face à ce que l'on désigne par la « sixième extinction », qui se rapporte à la disparition de masse de certaines espèces animales, due en grande partie au changement climatique dont l'homme est responsable. L'Académie nationale des sciences aux États-Unis décrivit dernièrement la sixième extinction comme « un assaut terrifiant contre les fondations de la civilisation humaine ». Et à moins que vous pensiez que cela ira pour nous, les êtres humains, parce que, eh bien, nous sommes tellement intelligents, gardez à l'esprit que nous faisons partie d'un groupe de primates tendant à l'extinction. En seulement trente mille années, nous sommes passés d'au moins quatre espèces d'homininés – des êtres nous ressemblant plus ou moins – à juste une seule.

Alors, comment est apparue toute cette diversité ? Pourquoi y aurait-il naturellement tant de façons de faire la même chose – collecter la lumière du soleil, l'eau et l'azote, et les transformer en végétation ? Pourquoi le penchant de la nature pour l'efficacité ne se manifesterait-il pas par un plus petit éventail d'options basées sur deux ou trois stratégies particulièrement réussies ?

De nombreux biologistes évolutionnaires pensent maintenant, comme l'avait prédit Darwin, que les trois domaines de la vie sur Terre – les bactéries, les micro-organismes du nom d'« archées », et des créatures multicellulaires allant des plantes aux animaux, et aux êtres humains – évoluèrent à partir d'un organisme unicellulaire qui vivait il y a 3,5 milliards d'années environ. Comme ces formes de vie originelles, chaque vie est depuis composée des mêmes vingt-trois protéines « universelles ». Cette caractéristique commune a ancré l'évolution des créatures vivantes au cours de milliards d'années. C'est ainsi qu'effectivement, nous sommes tous profondément liés. Et simultanément, cette base constituée de vingt-trois protéines, ainsi que le dynamisme d'innombrables éléments au cours de l'évolution, a donné cette immense diversité de vies que nous voyons aujourd'hui.

Mais encore, qu'est-ce qui explique autant de diversité ? Comment s'est-elle ainsi étendue ? Une petite ouverture pour répondre à cette question peut être trouvée dans ce tango entre les plantes et les insectes depuis plus de quatre cents millions d'années. Et je parle bien de tango, chacun influant considérablement sur l'autre en poussant et en tirant, ce qui a influé sur tout, des légers changements dans les organismes à l'apparence de nouvelles espèces.

Une stratégie perfectionnée par de nombreuses plantes, lors de grands bonds dans le temps, pour repousser les insectes qui s'en nourrissent, comprend la production dans leurs feuilles et leurs fleurs d'ingénieux composés chimiques défensifs : les métabolites secondaires. Par exemple, des dizaines de plantes, dont le théier et le caféier, produisent pour cette même raison de la caféine. Une substance huileuse dans les feuilles de moutarde fonctionne de même. Cependant, l'asclépiade repousse les mâcheurs de feuilles potentiels en produisant des glucosides toxiques. Cette combine permettant d'éviter d'être l'entrée de choix des insectes contribue à ce que l'asclépiade se débrouille mieux dans le monde. En protégeant les tissus de ses feuilles, la plante pousse davantage. Elle produit aussi davantage de graines. Et plus l'asclépiade en produit, mieux elle se propagera.

Cependant, produire des composés chimiques défensifs ne suffit pas. Au fil du temps, certains insectes ou chenilles, comme le papillon monarque, parviennent parfois à contourner le problème posé par la toxicité d'une plante, souvent par le biais d'une mutation qui leur confère une sorte de super-pouvoir, en leur permettant de ne plus être affectés par la toxine. C'est ainsi que le monarque peut poursuivre ses activités en faisant l'étalage de ses couleurs vives pour que le monde entier l'admire. Ayant acquis cette aptitude à manger l'asclépiade, le monarque se transforme à son tour en un repas toxique.

Tout oiseau insectivore perché dans un arbre et le voyant voleter à sa portée le laissera passer, sachant pertinemment que manger un monarque le rendra malade. Les papillons de nuit, comme ceux de jour, qui n'ont pas acquis son superpouvoir optent souvent à la place pour le camouflage, en arborant des ailes aux tons et aux couleurs se fondant tellement dans la végétation de leur habitat que les oiseaux ne peuvent les repérer.

Tous œuvrent totalement de concert. Aucune nouvelle espèce ne se développe par elle-même. La plante pousse l'insecte dans de nouvelles directions, contribuant parfois à favoriser le développement de nouvelles espèces, et l'insecte pousse la plante de même. Le tigre pousse de même l'antilope, qui, en acquérant de nouveaux comportements et de nouvelles capacités au fil du temps, pousse de même le tigre. Dans ce sens, nous revoilà au deuxième enseignement : l'interdépendance. La diversité augmente, en grande partie grâce aux relations.

Pouvons-nous donc fixer des limites par rapport à nos propres communautés humaines à partir de cet enseignement – que la diversité est la clé de la créativité, comme de la durabilité biologique ? Au demeurant, d'innombrables personnes, beaucoup ne faisant pas partie de la communauté scientifique, ont mûrement réfléchi à la question. John F. Kennedy exprima l'espoir qu'alors que les gens pourraient ne jamais être en mesure d'en finir avec leurs différences, la prospérité dépendait de faire en sorte que le monde ne pose aucun risque à la diversité. Maya Angelou conseillait : « Il est important pour les parents d'enseigner aux jeunes dès le début que, dans la diversité, il y a de la beauté et il y a de la force. » Même les hommes et les femmes d'affaires ont compris le pouvoir de la diversité, comme Malcolm Forbes, qui le définit dans le monde des affaires comme l'art de penser indépendamment ensemble. De façon appropriée, le mot latin pour « je pense » est *cogito*, « penser » se disant alors *cogitare*, qui signifie au sens propre « agiter ensemble des pensées ».

L'un des plus intrigants penseurs sur la diversité dans les communautés humaines était une écrivaine du milieu du XXe siècle, économiste au tempérament de feu, engagée dans l'activisme urbain, du nom de Jane Jacobs. Née Jane Butzner à Scranton, en Pennsylvanie, alors jeune femme, elle commença à travailler à son compte comme écrivaine. Elle se concentrait particulièrement sur la vie dans la ville – notamment, le quartier où elle résidait, Greenwich Village. Elle était obstinée et patriote – une grande partisane des municipalités démocratiques non corrompues, des services publics soutenus par les impôts, comme les transports en commun, et toujours, des lois et des réglementations intelligentes en faveur de la préservation de la diversité. Comme Rachel Carson, sa contemporaine, Jane Jacobs était systématiquement tournée en ridicule parce qu'elle était une femme – dans son cas, par les bastions masculins du développement urbain et de l'urbanisme. Mais peu importe. Quand il s'agissait de mettre en lumière les impacts des rouages du progrès sur les démunis ou ceux privés du droit de vote, elle était intrépide. Et pour soutenir ses arguments, elle faisait référence, encore et encore, au monde de la nature.

Dans les années 1950, quand Jane Jacobs se lança dans ce qui allait être en partie son travail le plus important, la science, l'industrie et le gouvernement débordaient d'une sorte d'orgueil démesuré, musclé, brutal. C'était l'époque des retombées radioactives venant du ciel – désignées par « pluie noire » –, infligeant à des milliers d'Américains de l'Ouest et du Midwest le cancer du sein et des maladies de la thyroïde. Entre-temps, on était bien parti pour pulvériser plus d'un milliard de litres de DDT (dichlorodiphényltrichloroéthane) sur les terres cultivées et les parcs de la ville – ce dont alerterait sérieusement Rachel Carson en 1962 avec la publication de *Printemps silencieux* (*Silent Spring*). Les années 1950 furent témoins d'une augmentation spectaculaire des taux de mercure et de plomb dans l'air et l'eau de la nation, ainsi que du brouillard de pollution, en proportion considérable. En effet, ne serait-ce qu'à New York, trois occurrences de smog distinctes entre 1953 et 1966 provoquèrent la mort de plus de six cents personnes.

Les proportions et la férocité de ce pouvoir destructeur industriel étaient à couper le souffle. Loin vers l'ouest, le Bureau of Reclamation – un organisme fondé en 1902, relevant du département de l'Intérieur des États-Unis, qui supervise la gestion des ressources en eau, en particulier la surveillance et/ou l'exploitation des dérivations d'eaux, de sa livraison et de son stockage, ainsi que des projets hydroélectriques construits dans l'ouest des États-Unis – faisait énormément pression pour imposer des barrages de retenue sur de nombreuses rivières sauvages, comme ces tentatives funestes de « brancher » la Green River du Colorado au cœur même du Dinosaur National Monument (le « monument national Dinosaur »), ainsi que la rivière Colorado au Grand Canyon. Les forêts publiques dans tout le Nord-Ouest Pacifique et de la Californie tombaient sous les dents des scies, ne laissant que de gigantesques zones de déboisement, dont la destruction de presque tous les séquoias géants encore sur des terres privées. Les zones humides étaient comblées par milliers. Le gouvernement sponsorisait encore des primes, ciblant une vaste diversité d'animaux jugés « nuisibles », des cougars aux coyotes, des loups aux belettes, des faucons aux hiboux. La progression était évaluée en fonction des explosions, des tronçonneuses, des poisons et des boulets de démolition, et quiconque n'osant s'y opposer avait la vie facile.

En écrivant des articles sur les villes du Nord-Est, Jane Jacobs fut directement témoin des effets dévastateurs des rouleaux compresseurs sur des quartiers entiers, pour faire place aux gigantesques réseaux d'autoroutes à plusieurs voies, essentielles au prétendu renouveau urbain. Mais encore, ce qui fascine tant chez Jane Jacobs, c'est la manière dont elle est parvenue à façonner de puissants arguments pour faire arrêter ces projets, dans l'intérêt des résidents défavorisés de la ville, en se tournant vers la nature – en utilisant en particulier ce que le monde naturel avait à dire au sujet de la diversité, pour favoriser la santé et la résilience dans l'existence. Elle fit partie des premières personnes à sensibiliser sur la valeur de la diversité dans ces quartiers – les rencontres au coin de la rue spontanées, continuelles, les échanges sur le trottoir entre voisins, et les petits commerces, ce qu'elle appelait avec affection « le ballet du trottoir ». Jane Jacobs révéla de quelles manières le tissage des liens de bon voisinage soudait la ville, lui permettant de se réinventer au milieu de conditions toujours changeantes. Séparer les gens dans des cités, disait-elle, au détriment de la vie grandement complexe se passant sur le trottoir des quartiers urbains était un « acte contre-nature », qui condamnait de nombreux résidents à une vie de pauvreté et de désespoir, et, simultanément, étouffait l'économie locale.

Une fois sur deux, elle engageait les discussions sur l'urbanisme en parlant d'écologie. Il est probable qu'elle aurait insisté sur le fait que tous les systèmes vivants sont créés par la prise réussie de l'énergie du soleil, et que plus il y a de possibilités dans un écosystème pour revendiquer cette énergie, puis la transmettre – en d'autres termes, plus il y a de diversité de plantes, d'animaux et de micro-organismes –, plus il sera en bonne santé et résilient. La vie se développe en récoltant de l'énergie, puis en l'utilisant pour soutenir des entreprises existantes, ainsi qu'en la transmettant pour en créer de nouvelles.

Jane Jacobs invita sans cesse à réfléchir à la façon dont cette vérité inhérente à la nature se rapportait aux secteurs de l'économie humaine. « La nature nous ajoute ces capacités, dit-elle lors d'une interview, alors âgée de plus de 80 ans, toujours aussi lucide. Et elles nous sont tout aussi simplement naturelles que la capacité de l'araignée à tisser sa toile et à piquer sa proie. Ou la capacité d'une abeille à faire du miel. Ce que nous pouvons faire avec notre cerveau, ce que nous pouvons faire avec nos mains, nous est naturel. Cela vient de la nature. Et nous l'utilisons de la même façon que la nature développe une écologie. Ce n'est pas une métaphore. C'est le même procédé. »

Quand la discrimination empêche les gens d'un quartier de mettre leur créativité sur la table, argumentait-elle, alors leur travail est essentiellement stérilisé. Détruire l'écosystème de toute une communauté met un frein à la base économique même d'où se développeraient de nouvelles entreprises d'autant plus créatives. Si des catégories entières d'hommes et de femmes faisant un travail particulier n'ont pas la possibilité de s'en servir pour lancer des inventions et de nouvelles façons de faire les choses, la résilience de l'économie s'affaiblit.

Nous n'avons pas la possibilité de développer un autre moyen quelconque, insistait-elle, parce qu'en réalité, un autre moyen quelconque n'existe pas. Protégeons la diversité humaine dans notre vie de tous les jours, respectons chaque personne dans le mélange, accordons-leur un rôle pour associer et réassocier des idées et des ressources – au travail, comme dans la rue –, et vous obtiendrez la meilleure chance qui soit d'une économie dynamique sur le long terme. Le succès de la nature n'est pas un jeu à somme nulle, où chaque gain signifie ailleurs une perte. Après tout, les écosystèmes arrivés à maturité, ceux remplis de toutes sortes de vies peuvent encore en accueillir davantage.

Jane Jacobs constata que l'aptitude de la nature à reconvertir, à utiliser des concepts existants – des ailes, des plumes, des pieds et des nageoires – et à les modifier légèrement pour en faire quelque chose de nouveau, plus en mesure de s'adapter aux conditions émergentes, était aussi ce que les hommes étaient enclins à faire. Un éboueur est frappé par la quantité de vêtements usagés qui sont jetés ; travaillant localement avec des associations caritatives, il réussit à caser ces rebuts dans une toute nouvelle économie – en vendant des jeans d'occasion à la Chine, du fil à l'Inde, les chiffons qui restent au Midwest pour en faire des housses de siège d'automobiles. Margaret Knight, employée dans une filature de coton au XIXe siècle, imagine puis invente une machine à coudre pour faire des sacs en papier à fond plat – créant ainsi un nouveau design standard toujours utilisé de nos jours. Tabitha Babbitt, membre des Shakers, fabricante et créatrice d'outils, a l'idée géniale que les bûcherons pourraient s'épargner bien des efforts en utilisant une lame de scie de forme circulaire, au lieu de celle à tirer d'avant en arrière. Elle en fabrique un prototype fixé à son rouet, créant ainsi la première scie circulaire.

« Le genre d'esprit que je possède est essentiellement scientifique, dit Jane Jacobs lors d'une interview vers la fin de sa vie. Je respecte l'observation et l'expérimentation. J'aime savoir comment les choses fonctionnent vraiment. » Notre créativité, notre expérience, nos compétences et notre capital humain sont merveilleux. Comme la nature, ils sont inépuisables. « Plus vous vous en servez, plus vous en recevrez. »

Le pouvoir de la diversité dans le monde des hommes influe sur bien plus que la résilience économique. Disons que vous faites partie d'un groupe qui cherche à résoudre un problème ardu au travail. Si vous venez plus ou moins du même milieu que vos collègues – comme des hommes blancs de classe moyenne, ou supérieure, avec une expérience de la vie et un parcours d'études similaires –, il est probable que vous alliez aux réunions en présumant, à juste titre, qu'ils comprennent le monde relativement comme vous. Ce qui signifie que chacun d'entre vous va probablement trouver des solutions en quelque sorte similaires, au problème, quel qu'il soit, sur lequel vous travaillez. Et bien que ce genre de familiarité soit confortable, voire rassurante, cela risque aussi d'être un obstacle à la créativité.

Sandra Harding, spécialiste en biophysique, en mathématiques et historienne des sciences, désigne par « objectivité faible » cette familiarité. Une objectivité forte, en revanche, se manifeste en écoutant les gens en marge – ceux ne faisant pas partie du groupe dominant – et qui, à propos, ont dû apprendre, afin de survivre, les règles du groupe aux commandes. Relativement à cela, des chercheurs en sciences sociales ont découvert que dans des groupes de travail similaires, chaque individu tendait à être moins assidu en partageant une idée, moins clair en parlant. C'est parce que l'on présume que tout ce que l'on dit est tout à fait compris par ceux qui écoutent. On n'entend pas aussi bien non plus en écoutant. Souvent, quand des gens qui voient le monde et en font l'expérience comme nous parlent, nous ne leur accordons pas autant d'attention ; nous déformons leurs propos, nous « remplissons les vides » par des fragments de ce que nous supposons être une vision commune.

La souplesse et la créativité sont nourries par la diversité. Cela représente-t-il davantage de travail ? Oui. Les résultats sont-ils meilleurs ? À n'en pas douter.

Il n'y a pas si longtemps, une équipe de chercheurs s'est penchée sur plus d'un million d'articles scientifiques – des papiers savants ayant fait l'objet d'une évaluation rigoureuse par des pairs – en les classant individuellement en fonction du niveau de diversité ethnique et culturelle dans les équipes de celles et ceux qui en étaient les auteurs. Ce qu'ils découvrirent, c'est que les articles rédigés par des groupes de contributeurs présentant des taux de diversité plus élevés avaient significativement plus d'impact – c'est-à-dire qu'ils étaient finalement plus souvent cités par d'autres scientifiques – que ceux provenant de groupes homogènes.

Et on ne parle pas que de diversité ethnique et culturelle. La force vient également des différences relatives au fonctionnement mental qui nous est propre. En 2013, une découverte scientifique capitale eut lieu quand des astronomes trouvèrent comment mieux évaluer la dimension et les étapes évolutionnaires des étoiles individuelles en se basant sur leur « scintillation ». Le chef d'équipe, Keivan Stassun, dit que cet accomplissement ne fut en partie possible que parce qu'il avait intentionnellement constitué des groupes de recherche avec des personnes de diverses origines ethniques et de divers genres, mais aussi présentant tout un éventail de capacités intellectuelles. Certains de son équipe étaient atteints de troubles du spectre autistique. Ces membres s'avéraient très compétents pour se concentrer intensément, « examiner de près » par l'intermédiaire d'une série de questions, sur de longues périodes de temps, afin de découvrir les pièces critiques du puzzle. Mais parfois, ils connaissaient aussi des difficultés dans le cadre des grandes réunions, qui peuvent laisser libre cours à toutes sortes de discussions, parfois hors sujet. L'ayant constaté, Stassun veilla à ce qu'il leur soit possible de participer à ces réunions à distance, en communiquant avec l'équipe par SMS.

Il dit que les découvertes comme celle, capitale, sur la scintillation des étoiles, ont davantage de chance de se produire en présence de personnes issues de divers milieux, car la diversité incite une équipe ainsi constituée à ne pas recourir à la facilité dans ses hypothèses. La science est invariablement mieux servie, explique-t-il, quand on a « un groupe de personnalités très différentes se concentrant sur les mêmes données d'un point de vue différent ».

Comme Katherine Phillips, vice-doyenne à l'université de Columbia, l'écrit : « En ajoutant simplement de la diversité sociale à un groupe, cela incite les gens à penser que des différences de points de vue pourraient exister entre eux – et cette croyance seule les incite à adopter un autre comportement. » Elle poursuit en disant que lorsque les gens savent qu'ils sont socialement différents, les attentes changent. « Ils anticipent les différences d'opinions et de points de vue. Ils présument qu'il leur faudra faire des efforts pour parvenir à un consensus. » Et les bénéfices sont d'envergure.

S'il vous arrive d'être assez malchanceux pour vous retrouver au tribunal pour un délit que vous n'avez pas commis, il serait judicieux de votre part d'espérer que le jury soit composé de personnes de couleur ainsi que blanches. Selon Samuel Sommers, psychologue social, ce type de jury est considérablement plus performant en examinant les dossiers, faisant généralement moins d'erreurs en se rappelant les informations révélées lors du procès. Dans la salle d'audience, comme dans la salle de conseil, ou au laboratoire de recherche, davantage de diversité mène à une attention et à une assiduité plus soutenues.

De nouveau, nous, les êtres humains, sommes issus du monde de la nature. Nous en faisons indéniablement partie. Il fait donc sens que la diversité nous ferait gagner en force. Qu'elle nous apporterait de grands avantages dans le monde en général.

Dehors, dans la nature, la santé et la résilience d'une communauté naturelle ne dépendent pas simplement de diverses espèces, mais, de manière tout aussi importante, d'un éventail de caractéristiques et de comportements propres à chacune d'entre elles. Une grande marguerite Shasta pourrait s'enraciner bien mieux qu'une autre, quant à elle, meilleure productrice de fleurs, alors qu'une autre encore conservera mieux l'eau. Ou, pour parler des animaux, une éléphante agressive pourrait être précisément ce qu'il faut si le troupeau est menacé, capable grâce à sa taille et à sa férocité d'envoyer balader tout opposant ou prédateur éventuel. Mais le groupe bénéficierait considérablement aussi de ses anciens plus discrets – ceux capables d'y nouer des liens forts, ancrant ainsi ce type de cohésion essentielle à la survie de tous sur le long terme.

Ici, dans le monde des êtres humains, il va sans dire que les différences constatées chez les espèces viennent d'un large éventail de facteurs. Au-delà des différences de personnalité, notre vie est conditionnée par la couleur de notre peau, notre âge et notre sexe, par la carrure et le fonctionnement de notre corps. Il y a des différences au niveau de notre lieu de vie, de nos croyances religieuses, de notre sexualité, dans la quantité d'enseignements acquis à l'école et par l'expérience, ainsi que dans la façon dont notre cerveau traite les informations et les stimulus. L'une des raisons pour lesquelles les hommes, en tant que collectivité, ont potentiellement une créativité foisonnante.

Cependant, nous ne nous sommes pas toujours positivement illustrés en puisant dans le pouvoir de la diversité, même en promettant précisément de le faire. Les premiers scientifiques du XVIIe siècle en Europe se plaisaient à promouvoir l'idée qu'ils étaient ouverts à quiconque et à tout un chacun ayant une contribution à faire. La poursuite de la vérité scientifique, disaient-ils, était un moyen de se libérer une bonne fois pour toutes d'une culture qui, depuis trop longtemps, ne privilégiait que les opinions des initiés politiques et religieux. Mais, en réalité, pour commencer, les femmes, les juifs, les personnes de couleur et les pauvres n'avaient aucun accès à l'éducation qui aurait pu leur enseigner les mathématiques, le latin et la botanique, en leur permettant ainsi de faire leur entrée dans le club de la science. L'une des communautés scientifiques les plus prestigieuses du monde, l'Académie royale des sciences, à Paris, fondée en 1666, n'admit qu'en 1979 une femme – l'épouse de l'un de ses membres.

Il n'est guère surprenant que ce genre de partis pris sélectifs produisît une science aux perspectives très limitées. Mais ces partis pris allaient avoir encore plus de conséquences insidieuses. Ils avaient un rapport avec le fait qu'en empêchant par ces moyens certains groupes de se joindre aux experts, inévitablement, certains membres du club se mobiliseraient aussitôt pour justifier l'absence de ces personnes en arguant qu'il s'agissait de la preuve de leur infériorité. Et ce préjugé, qui s'est systématiquement répandu dans la société en général, s'est enraciné en profondeur.

Au début des premières décennies des années 1800, l'un des physiciens et érudits en sciences naturelles les plus respectés de la nation, Samuel George Morton, se lança dans une mission pour régler une question couvant depuis longtemps parmi les Blancs : quelle était la race la plus intelligente dans le monde ? Bon nombre de ses collègues applaudirent son initiative d'entreprendre un tel projet, convaincus de l'irréprochabilité de ses compétences et de son honnêteté. Comme le *New York Tribune* le publierait à l'annonce de sa mort en 1851 : « Il est probable qu'aucun homme de science en Amérique n'ait joui d'une telle réputation parmi les érudits du monde, si ce n'est le Dr Morton. »

Morton établit le point de comparaison pour ses études par le biais d'une collection de crânes humains – qui finit par augmenter à un millier – provenant de divers peuples autour du monde, dont des Africains, des Indiens orientaux, des Européens occidentaux, et d'individus originaires du Moyen-Orient, ainsi que de tribus indiennes d'Amérique du Sud et du Nord. L'idée était de les classer en fonction de la capacité crânienne, ce que Morton, ainsi que de nombreux autres à l'époque, considérait comme un indicateur infaillible de l'intelligence. Pour mener à bien la tâche, il remplit chaque crâne de graines de moutarde, tamisées pour s'assurer que toutes sont de même dimension. Plus tard, il utilisa des plombs, comme ceux dans les cartouches de chasse.

Les groupes dont les crânes contenaient le plus de graines ou de plombs étaient évalués comme étant plus intelligents. Finalement, Morton termina ses recherches, et face à une grande anticipation, annonça les résultats. Les Européens occidentaux se révélèrent être les premiers – les plus intelligents. Les Amérindiens étaient au milieu. Les Africains étaient les derniers. Et ces résultats constituant la base des arguments relatifs à la race jusqu'à la fin de ce siècle furent systématiquement cités par les politiciens du Sud plaidant en faveur de l'esclavage.

Mais en dehors du fait que, pour commencer, la capacité crânienne n'était en rien une évaluation fiable de l'intelligence, il y avait d'autres problèmes. D'envergure. À la fin des années 1970, Stephen Jay Gould, paléontologue de renom, passa au peigne fin les notes de recherche de Morton. Il trouva sa méthodologie bâclée ; en fait, l'âge et le sexe relatifs à bon nombre des crânes étaient même inconnus. Les données de Morton ne manquaient pas non plus de suppositions en série au sujet de la race, ni d'erreurs véridiques dans les données chiffrées, tout cela soutenant la croyance officielle de l'époque, maintenue depuis longtemps, que les Européens occidentaux étaient les plus intelligents de tous.

Or, la collection de crânes de Morton provenant d'ancienne Égypte ne présentait aucune différence de dimension par rapport à ce qu'il désignait par les crânes caucasiens et les crânes noirs, ces deux groupes de crânes étant d'ailleurs plus petits que ceux de leurs contemporains d'Afrique. Jusqu'au jour de sa mort, Gould supposa qu'une croyance depuis longtemps ancrée dans un classement racial était « si puissante qu'elle dirigea ses mises en tableaux en fonction de directions préétablies », l'homme sur lequel comptaient même d'éminents érudits pour « sauver la science américaine du bourbier de la spéculation sans fondement ». Une fois encore, ce raisonnement ambitieux visant à l'objectivité scientifique, depuis longtemps annoncée, se révéla sérieusement boiteux.

Basé en partie sur le travail de Morton, un article publié en 1912 dans *Psychological Bulletin*, de Frank Bruner, diplômé de l'université de Columbia, déclarait que les Noirs étaient, entre autres, « imprévoyants, extravagants, paresseux, manquaient de persistance et d'initiative, et étaient réticents à travailler continuellement sur les détails » –, et, de surcroît, qu'ils montraient « un manque affligeant d'énergie pour une activité prolongée et une conduite constructive ». Deux ans plus tard, le manuel accompagnant l'échelle d'intelligence Stanford-Binet – un test pour mesurer le quotient intellectuel, toujours en utilisation – affirmait sans détour que les énormes différences raciales au niveau de l'intelligence « ne pouvaient être compensées par l'éducation ». De même, les tests de QI, depuis longtemps déclarés totalement objectifs et impartiaux, ont été tout, sauf ça. Dans une série de tests de QI donnés à des immigrants, l'eugéniste Henry H. Goddard détermina que 83 % des juifs, 80 % des Hongrois, 79 % des Italiens, et 87 % des Russes étaient faibles d'esprit. De telles déclarations alimentèrent de tragiques conséquences, comme la déportation, l'internement, et même la stérilisation de certaines personnes, sur ordre de leur gouvernement.

L'acceptation accablante de ces hallucinations – appliquées non seulement aux personnes de couleur, mais aussi aux Européens du Sud et de l'Est – fut à l'origine en 1924 de quotas imposés à celles et ceux immigrant aux États-Unis. De telles mesures furent jugées comme une étape nécessaire pour éviter d'affaiblir l'intelligence au niveau national. Pour revenir un peu à la réalité, il est notable que depuis l'an 2000, aux États-Unis, 40 % des lauréats du prix Nobel de physique, de chimie ou de médecine, ont été des immigrants. Néanmoins, à la suite de cette décision en 1924, des affirmations tout aussi irréfléchies continuèrent à être faites au sujet des juifs, pour alimenter un jour l'un des plus gros échecs de l'intelligence humaine dans l'histoire – le concept de la « race aryenne » des nazis.

De nos jours, selon un nombre d'études en augmentation, la santé physique est affectée chez les victimes du racisme. Les altercations racistes, ou même la peur d'en subir, ont pour effet de faire augmenter le taux d'hormones du stress, comme le cortisol – entraînant des réactions chimiques qui compromettent la capacité de l'organisme à réguler le cœur, le système immunitaire et neuroendocrinien. Selon une étude récente dirigée par la Dre Amani Nuru-Jeter à l'université de Californie, les femmes noires victimes du racisme souffrent d'une inflammation chronique de faible intensité, les exposant à un plus grand risque de maladies graves, comme le diabète ou les troubles cardiaques. Il est indéniable que laisser des groupes entiers en dehors du mélange ne nous prive pas seulement de leurs compétences et de leurs points de vue. Cela menace également notre bien-être collectif.

J'avais 21 ans quand je partis de chez moi dans le nord de l'Indiana, allant droit vers les Rocheuses comme un assoiffé se précipitant vers un puits. Un projet dont j'avais précisément parlé à mes parents, huit ans plus tôt, à 13 ans, en arrivant un soir d'été dans le salon, avec une boîte de cartes routières et 150 dollars reçus pour avoir tondu la pelouse et déblayé la neige, pour leur annoncer mon intention de partir à vélo sur mon Sears Stingray mauve pour le Colorado, à au moins 2400 km vers l'ouest. Comme les ados, généralement, je trouvais irritant ce qui m'entourait – les routes droites, les pelouses et les sillons de maïs tracés au cordeau, les gamins bien alignés attendant à l'entrée de l'école. Quand je finis pour de bon par me mettre en route pour les hauteurs, à 21 ans, j'ignorais que cette vision dorée de la liberté que j'avais entretenue toutes ces années m'avait en fait été inculquée au compte-gouttes par mes congénères blancs masculins au fil des siècles: cette notion d'escalader des sommets, de naviguer sur des rivières inapprivoisées, et de savourer d'innombrables couchers de soleil en solitaire au beau milieu de nulle part, comme le dernier des grands explorateurs. Tout ça était si captivant.

Des années allaient s'écouler avant que je comprenne que mes charmants rêves vertigineux avaient en fait pris leur essor sur les ailes de mes privilèges. J'étais loin d'être riche. J'avais grandi dans une minuscule maison avec un jardin de la dimension d'une bonne chambre d'hôtel, le fils d'un col bleu métallurgiste. Mais par une chance pure et simple de naissance – d'être blanc, de sexe masculin, et relativement bien éduqué –, il m'était facile de charger ma vieille Pontiac Tempest pour me rendre vers un territoire plus élevé, plus excitant. J'étais le bénéficiaire d'un système de récompense en développement depuis des siècles, et qui s'est illustré en étant considérablement moins généreux envers les femmes et les personnes de couleur. Je ne pouvais en rien, si ce n'est suite à un coup de tête, quitter un paysage familier qui, à part sembler un peu ennuyeux, avait été ravagé en de nombreux endroits par la pollution. Et ce faisant, je laissais aussi derrière moi des gens qui souffraient le plus de ces conditions, en leur accordant à peine une pensée, tandis que je partais d'un air dégagé dans les plaines, en route pour une nouvelle vie dans une succession de paysages de montagne immaculés.

Plus je prenais de l'âge, plus je prenais conscience des raisons pour lesquelles ma vie, surtout au début, avait été dépourvue de diversité. Et pour en venir encore plus au fait, comment l'étendue et l'omniprésence de ma propre culture m'avaient incité à présumer que, dans l'ensemble, les gens évoluaient sur le même terrain de jeu que moi. Vivre en accord avec ce que la nature a à enseigner a signifié pour moi de redécouvrir ce que j'avais entendu pour la première fois, alors adolescent, d'une assemblée de femmes engagées dans le mouvement pour la protection de l'environnement: à savoir, que l'oppression d'un seul groupe, d'une seule culture, d'un seul sexe, d'un seul lieu, équivaut à l'oppression de tous.

En remontant en 1620, Francis Bacon, scientifique, philosophe et homme d'État anglais, mettait en garde contre le danger d'aller trop vite en affirmant des vérités universelles – qu'une telle tentation était un démon « contre lequel nous devons, même maintenant, nous préparer ». Mais la science en soi était coupable depuis bien trop longtemps déjà de s'appuyer sur la « vérité universelle » imaginée, que le secret pour revenir au jardin d'Éden n'était pas une question d'approfondir notre relation avec la Terre, mais d'apprendre à la contrôler. Et il n'était guère surprenant que ceux considérés comme étant les plus compétents en la matière étaient déjà au contrôle.

Par l'exclusion de grandes portions de l'humanité pour guider la culture, tout en exploitant avec acharnement les richesses de la nature, nous sommes entrés dans ce que les conteurs grecs de l'Antiquité désignaient par « *hamartia* », qui se rapporte à un défaut fatal de personnages sinon héroïques – quelque chose qui les compromet, malgré leurs bonnes intentions, en les incitant finalement à faire de fausses suppositions qui les conduisent ensuite à rater leur cible. Ce qui s'annonce comme une voie prometteuse peut se faire tragique, un désastre, en fonction du terme *hamartia*.

Il s'agit d'un défi fondamental d'être humain – un élément de base de ces romans que nous lisons et de ces films que nous voyons, apparaissant presque quotidiennement aux actualités sur les personnalités et politiciens en quête de pouvoir et de contrôle, pour finir par recevoir une leçon d'humilité. Ils ne sont pas si différents de Victor, le personnage principal du célèbre roman de Mary Shelley, *Frankenstein*, qui veut désespérément devenir un scientifique de renom. Le feu de son ambition cède la place à l'arrogance, l'incitant à créer un monstre qui le mènera finalement à sa perte.

L'un des antidotes pour *hamartia*, c'est la sagesse de la nature. Comme l'exprime Luther Standing Bear, chef des Sioux (ou Lakota) Oglala : « Le vieux Lakota était sage. Il savait que le cœur de l'homme, loin de la nature, devenait dur ; il savait que le manque de respect envers les créatures vivantes en développement ne tardait pas à mener au manque de respect envers les êtres humains également. » En tirant de la nature des indices sur la valeur et la force essentielles issues de la diversité, il est temps pour nous de commencer à chercher comment mieux l'ancrer dans notre quotidien.

Il faut l'admettre, cet enseignement majeur de la nature – que plus un système est constitué de divers éléments, plus il prospère – peut être difficile à accepter. On pourrait se sentir prêt à tendre la main et à entrer en relation avec nos congénères ou d'autres créatures, avant de tomber dans le piège de penser qu'on est en relation avec eux, alors que ce que l'on fait vraiment, c'est essayer de faire en sorte qu'ils nous ressemblent davantage.

Au XIXe siècle, beaucoup de gens avaient sincèrement de la compassion pour ce qu'ils jugeaient être de terribles conditions dans les réserves où vivaient les Amérindiens. De cette préoccupation découla une solution, qui allait être à l'origine des pensionnats tristement célèbres pour Indiens. Ces écoles étaient censées « libérer » les peuples autochtones de tous les aspects non européens de leurs traditions – de leur langue à leurs vêtements, en passant par leurs chants et leurs rituels. L'idée, très plébiscitée à l'époque, consistait à extraire les enfants indiens – par la force si nécessaire – en les coupant ainsi de leurs racines et de leur identité, afin de les faire correspondre à l'image d'une culture blanche supérieure. « Faites-nous confiance – tel était ce sentiment –, nous savons ce qui est mieux pour vous. » Finalement, les pensionnats réservés aux Indiens eurent pour résultat que des milliers d'enfants perdirent ces liens précieux avec leur identité issue de leurs liens culturels et familiaux; beaucoup allaient mourir de maladie, de malnutrition et de maltraitances physiques.

Se retourner sur de telles erreurs, à partir de notre position actuelle, peut susciter des sentiments de culpabilité et de honte. Cela ne fait aucun doute. Cependant, rester paralysé par la honte est encore une sorte d'auto-indulgence, un fruit exclusivement accessible aux privilégiés, une autre forme de *hamartia* qui nous fera encore une fois rater la cible. De l'autre côté de nos regrets se situe la question de savoir ce qu'il nous est possible d'apprendre, et comment aller au-delà de ces connaissances pour agir avec plus de sagesse, ici et maintenant.

Une histoire chinoise vieille de deux mille ans pourrait nous aider à nous atteler durablement à cette tâche. Un jour, nous dit-elle, un oiseau de mer épuisé, dévié de sa destination par des vents forts, atterrit près de la capitale de Lu. Le marquis « royal », un homme au cœur d'or, fut très touché par la détresse du pauvre oiseau. Il ordonna qu'il soit emmené au temple, où il lui donna des bols en argent remplis de son meilleur vin. Puis il fit venir un taureau à abattre pour un banquet royal, afin que l'oiseau puisse se régaler des mets les plus fins du royaume. Le marquis alla même jusqu'à faire venir les Jiushao, les meilleurs musiciens du territoire, pour divertir l'oiseau. Hélas, celui-ci demeura apeuré et désorienté. Au troisième jour, il était mort.

Le marquis ne s'était à aucun moment rendu compte que l'oiseau avait sa propre nature, ses propres besoins pour favoriser son bien-être. S'il l'avait compris, il aurait pu l'emmener à un juchoir protégé près de la côte, lui laisser des morceaux de poisson, en lui permettant de trouver du réconfort parmi les oiseaux de mer. L'erreur du souverain, son « moment *hamartia*», vient du fait qu'au lieu de prendre le temps de comprendre la véritable nature de l'oiseau, il présuma que dans les affres de son traumatisme, il aurait précisément voulu ce que lui en personne aurait souhaité dans cette situation. Son raisonnement – et il s'agit encore d'une erreur commune chez tant d'entre nous – l'incita à présumer que ses goûts et ses préférences personnels correspondaient à la référence logique applicable à tous. Et comme cette vieille histoire chinoise pose à la fin comme principe, si tout le monde suivait ses idées arrêtées comme étant la norme, leurs actions excluraient inévitablement tous les autres. Qui parmi nous ne se fie pas à un tel critère ?

4

QUATRIÈME ENSEIGNEMENT

Guérir la planète, et nous-mêmes, signifie retrouver le féminin

Les valeurs féminines sont la fontaine du bonheur.
Connaissez le masculin, adhérez au féminin.

Lao-Tseu

Supposons que nous soyons assez chanceux pour faire un saut dans les spectaculaires et vastes paysages du Kenya, libres de nous promener parmi les baobabs, les casuarinas, les *Hameanthus* et les figuiers sycomores. À un moment donné – aujourd'hui ou demain –, nous rencontrerons sûrement des troupeaux des plus captivants de ces énormes mammifères, les éléphants. Existant depuis au moins cinq millions d'années, ils sont largement reconnus comme faisant partie de l'une des espèces les plus intelligentes et douées sur Terre. Cette créature robuste de cinq à six tonnes, et cependant agile et joueuse, possède le cerveau le plus gros, aux plissements les plus élaborés, que toute créature vivant à terre sur la planète.

En nous installant, disons, dans les régions semi-désertiques du parc national de Tsavo, pour observer un groupe de quarante éléphants autour d'un point d'eau, nous remarquerons probablement une femelle plus âgée en particulier, la matriarche du troupeau. Elle se promènerait sans cesse, soit en traversant son groupe, soit tout autour de lui, en le surveillant attentivement, calmant et poussant de la trompe ses compagnons tout en tendant l'oreille, et en flairant l'air en cas de danger. À un peu plus de 50 ans, elle porte en elle de vastes réserves de données essentielles au bien-être de son troupeau. Non seulement elle est experte en organisation pour se défendre contre les lions qui se présentent fréquemment par ici, mais aussi dans l'utilisation des cartes mentales complexes qu'elle détient pour mener le groupe à la nourriture ou à l'eau, à une trentaine ou une quarantaine de kilomètres de distance, dont des points d'eau où elle pourrait ne pas être allée depuis des dizaines d'années.

Ces connaissances seules peuvent faire toute la différence entre la vie et la mort. La recherche nous a permis d'apprendre que les groupes d'éléphants, vivant dans des réserves naturelles et dirigés par des femelles plus jeunes, ont tendance en période de dure sécheresse à ne pas bouger, ce qui peut entraîner un taux de mortalité plus élevé chez les éléphanteaux. En revanche, ce groupe, mené par une matriarche plus âgée, aura plutôt tendance à migrer en sortant du parc pendant les périodes de sécheresse extrême, pour se rendre dans des régions reculées où de l'eau est susceptible d'être trouvée. Assurant ainsi la survie de chacun, jeunes comme vieux. Malheureusement, ce fait est également lié à un aspect particulièrement insidieux du braconnage. En ciblant les plus imposants et les plus âgés d'un troupeau, comme cette matriarche, porteurs des plus grosses défenses d'ivoire, les braconniers le privent souvent d'une source essentielle de sagesse.

Que cette éléphante soit une telle source remarquable de sagesse maternelle s'explique en grande partie par le fait que, comme la plupart des matriarches, elle était la fille aînée de la cheffe précédente. En commençant alors que sa progéniture était relativement jeune, la mère de cette éléphante a fait extrêmement attention à préparer soigneusement sa fille à assumer cette fonction, lui transmettant de nombreuses années de connaissances qui lui seront nécessaires quand le temps sera venu pour elle de mener le troupeau.

Et cette sagesse qu'elle détient à présent va bien au-delà de savoir simplement que faire en période de sécheresse. Avec plusieurs femelles âgées, elle consacre un temps considérable à ces éléphants en période de reproduction – appelée l'œstrus. Ce groupe d'anciennes s'investit aussi lors des naissances, puis, avec l'aide des jeunes éléphantes pas encore prêtes pour la reproduction, tout le monde contribuera pour s'occuper des nouveau-nés. Cela donne aux nouvelles mères le temps de se nourrir, ce qui signifie qu'elles produiront mieux le lait nécessaire à leurs petits pour vivre.

La qualité précieuse chez les cheffes, comme cette éléphante à Tsavo, n'est pas la domination, comme cela peut l'être chez d'autres mammifères – quoique, clairement, rares sont celles et ceux qui oseraient la contrarier. En restant dans le secteur assez longtemps, nous verrions qu'elle est vraiment douée pour intervenir en cas de conflits, en permettant à ces éléphants ayant différents points de vue et personnalités – ce qui se décline typiquement par gentil, joueur ou agressif – d'exister en paix pour le bien du groupe. Et comme cela s'est produit avec elle, lorsqu'elle meurt, une de ses filles, ou – dans certain cas, si le troupeau se divise – deux de ses filles interviendront pour diriger.

Ailleurs à Tsavo aujourd'hui, à juste quelques kilomètres de ce magnifique troupeau d'éléphants, se trouvent deux troupes de lions. Dans ces familles, également, certaines femelles sont essentielles à la survie. En les observant à distance respectable, dans les dépressions herbeuses qui s'étendent au-delà d'une rangée irrégulière de baobabs, on peut voir que les lionnes sont celles qui chassent le plus, et de façon étonnamment coopérative – que ce soit en encerclant la proie, ou en l'incitant à se diriger vers les lions qui attendent à proximité. Si on a assez de chance pour revenir quand des lionceaux ont intégré la famille, on découvre le remue-ménage joueur de ce que l'on appelle des « groupes maternels », avec de nombreux lions, femelles et mâles, participant à élever et à défendre les jeunes. Comme d'autres mammifères, les lionnes mûres synchronisent en fait leurs cycles de reproduction, ce qui signifie qu'elles donnent naissance à peu près au même moment ; ce qui permet de profiter pleinement, plus facilement, de cette forme intelligente de crèche étendue.

En quittant les éléphants et les lions de Tsavo, nous pourrions nous diriger vers l'ouest en traversant la Tanzanie, en longeant la rive sud de l'immense lac Victoria, passant là sous les ombres portées par l'envergure de deux mètres environ des ailes des pygargues vocifères en plein essor, pour pénétrer finalement dans les jungles de la République démocratique du Congo. Là, nous trouvons un de nos proches parents, l'intelligent bonobo – un primate avec lequel nous partageons au moins 99 % de notre ADN. Comme les éléphants, les bonobos sont dirigés par des matriarches. Les femelles plus âgées détiennent le plus haut statut social dans le groupe. Elles, et personne d'autre, décident quand partir et pour quelle destination. Si lors de notre visite, un bonobo d'un sexe ou de l'autre réussit à prendre une antilope de forêt, puis la montre au groupe, une femelle aînée s'approchera pour placer son bras dessus. Ce n'est qu'alors que l'on verra tous les autres se rassembler autour en tendant la main, attendant de recevoir leur part. Et à un moment donné lors de notre visite, si un mâle agressif se met à harceler une jeune femelle, peut-être dans l'idée de s'accoupler avec elle contre son gré, disons simplement qu'il peut s'attendre à des tonnes d'ennuis venant des femelles plus mûres.

Dans d'innombrables espèces, des suricates aux baleines, les femelles occupent à la fois la fonction d'éducatrice et de dirigeante. Dans la société des orques, le lien des femelles avec leur progéniture est si fort qu'un mâle adulte court huit fois plus de risques de mourir dans l'année à la mort de sa mère, que lorsqu'elle était en vie. En bref, la quintessence de l'énergie féminine mammalienne dépasse de loin la reproduction, et comprend la tâche vitale, compliquée, de prendre soin des relations, essentielles à une vie florissante. Pour les observateurs attentifs dans les bois, le désert, les montagnes ou sur le littoral, dans les jungles, les océans ou les prairies, il ne tarde pas à se faire apparent qu'il n'y a simplement pas d'autres moyens pour survivre.

Le fait est, chez les espèces de mammifères où les mâles et les femelles font à peu près la même taille, la direction assumée par une femelle est généralement la norme. Même si les mâles sont plus imposants de stature, comme chez les chimpanzés, les gorilles, les lions et les loups, ce n'en sont pas moins les femelles qui prennent les décisions cruciales pour la direction du groupe. En effet, les cheffes dans le monde animal peuvent avoir une force physique impressionnante, mais l'une des raisons pour lesquelles elles dirigent, ce sont grâce à leurs compétences essentielles pour établir des coalitions. Des hyènes, aux éléphants et aux hommes, la sagesse féminine et l'instinct relationnel féminin, bien plus que la force seule, contribuent crucialement à la survie.

Il ne s'agit pas de retirer quoi que ce soit au rôle essentiel de l'énergie masculine dans la nature. Les jeunes mâles du troupeau d'éléphants de Tsavo restent avec leur groupe de naissance dix, voire quinze années, participant intégralement en y nouant des liens, et en le défendant, avant de partir de leur côté. Après avoir atteint l'âge de la reproduction et quitté leur troupeau natal, parfois à la vingtaine, ils suivent des règles sociales strictes pour s'accoupler avec des éléphantes consentantes – par exemple, en commençant par poser doucement leur trompe sur le dos d'une femelle en chaleur pour savoir si elle est réceptive.

Pendant ce temps, dans le monde des loups, et dans la société des lions, également, les mâles ont d'importants rôles lors de la chasse, ainsi que pour défendre leur territoire. Et pour s'occuper des jeunes – en s'engageant dans une série infinie de jeux, ainsi qu'en allant chercher de la nourriture pour les lionceaux. De nouveau, la nature a créé un monde où le succès des éléphants, des loups, des lions et d'innombrables espèces, découle d'une expression complète des deux sexes. L'idée qu'un sexe est plus important que l'autre est une illusion humaine – qui fait abstraction que la nature est une expression de l'équilibre entre les deux. Purement et simplement, la vie prospère quand le masculin et le féminin sont complètement associés.

Quand bien même, ces quatre mille dernières années, en majeure partie, les hommes ont eu du mal à vivre avec cette vérité, choisissant plutôt de faire leur chemin dans le monde en se laissant principalement guider par l'énergie masculine. De tous ces mauvais virages pris en essayant de bien vivre durablement en accord avec la Terre, il est sans doute difficile d'imaginer un faux pas plus calamiteux que celui-là.

Alors comment en sommes-nous arrivés à cette étrange situation – ayant ostensiblement des difficultés à comprendre le monde, aveugles depuis tout ce temps à une bonne moitié de sa sagesse ? En fait, il fut un temps où les êtres humains étaient beaucoup plus enclins à célébrer et à alimenter les compétences essentielles et la perspicacité du féminin. On le sait en partie en se penchant sur les mythes des anciennes civilisations. Des récits ne se rapportant pas tant à des filles ou à des femmes de chair et de sang, mais à une énergie féminine plus imposante, archétypale. Ces histoires nous apprennent qu'une telle énergie était considérée comme essentielle à la vie même. Au-delà de son rôle évident de faire en sorte qu'une nouvelle vie apparaisse, l'énergie féminine correspondait également à une ouverture pour la favoriser. Pour les hommes se faisant part de ces histoires, une telle énergie contribua à nourrir leur quête de bien-être, en les guidant vers le pouvoir de la relation créative. Des bénéfices, à propos, disponibles pour les hommes, comme pour les femmes. De riches histoires sur les énergies masculine et féminine servaient de rappels de la nature intégrée du monde – de la vérité fondamentale que la vie fait des étincelles, germe, puis prospère en ce bien commun découlant des interrelations.

Certains des anciens récits soulignant les énergies féminines se rapportent à la création de la Terre. Comme ce mythe vieux de cinq mille ans des anciens Pélasges, qui vivaient sur la côte fertile, inondée de soleil, de la mer Égée :

> Au début, il n'y avait aucun ordre, aucune stabilité – que le chaos. Mais vint le temps quand, de l'intérieur de ce chaos, s'éleva une grande et puissante Déesse Mère. En voyant la situation désordonnée dans l'univers, elle se mit au travail – tout d'abord en séparant l'eau du ciel. Quand ce fut fait, la Déesse Mère prit du recul pour tout assimiler, et trouva que c'était bien. En fait, si contente était-elle qu'elle mit les pieds dans l'eau et se mit à danser. Et elle continua à danser, également, en se dirigeant vers le sud, en montant brusquement et en tourbillonnant au rythme des vagues de la mer, si prise peu à peu de glissements et de balancements, qu'un puissant tourbillon de vent commença à souffler dans son sillage, comme une petite tornade. La Déesse Mère se retourna pour attraper ce vent puissant, s'en saisit, le frottant et le faisant tourner entre ses paumes jusqu'à ce qu'apparaisse un immense serpent.

Ouvrons ici une petite parenthèse, au cas où à la simple pensée d'un serpent, vous en auriez des frissons : aussi loin qu'il est possible de remonter dans l'histoire, souvent en réassemblant les éléments des récits à partir de traces érodées sur des pierres depuis longtemps enfouies, le féminin a été lié au serpent. Par exemple, les gens de la Macédoine et de la Crète de l'Antiquité étaient guidés par des incarnations de la Grande Déesse qui gardaient systématiquement en leur compagnie des serpents. Cela s'explique en partie par la capacité mystérieuse de ce reptile à changer de peau, ce qui incita les gens à l'associer à la naissance et à la fécondité. De surcroît, les serpents vivent au sol, et même sous terre, ce qui signifie qu'ils sont toujours proches des pouvoirs donneurs de vie de la Terre. Et pour finir, on dit que le venin de certains d'entre eux aurait des propriétés similaires à celles de certaines plantes et de certains champignons – des ingrédients utilisés dans ces domaines régis par le féminin, ceux de la guérison physique et de la transformation spirituelle.

Ces associations sont si puissantes qu'on utilise encore aujourd'hui comme emblème de choix des médecins et des hôpitaux ce que l'on appelle le caducée – deux serpents entrelacés autour d'un bâton central, surmonté d'une paire d'ailes.

Mais revenons à notre histoire.

> Subjugué par la déesse, le serpent vint s'enrouler autour d'elle sept fois, l'enserrant fermement alors qu'elle dansait. La déesse assuma alors la forme d'une colombe chevauchant les vagues de cet océan primordial, et quand le temps fut venu, elle pondit ce que l'on appelle l'œuf universel. Le serpent enlaça l'œuf jusqu'à ce qu'il craque en deux et éclose. Quand ce fut fait en tombèrent les enfants de la déesse : la lune, les étoiles et les planètes, dont la Terre, avec toutes ses montagnes, ses rivières, ses arbres et ses fleurs, et toutes sortes de créatures vivantes, dont les êtres humains. L'énergie représentée par le serpent ne put atterrir dans le monde que grâce aux énergies féminines de la déesse. Le pouvoir créatif de la déesse, en revanche, ne parvint à sa pleine expression qu'une fois enflammé par l'énergie masculine du serpent.

Des histoires similaires venues de l'ancien monde abondent. D'Asie, des Balkans, de Grèce et d'Afrique du Nord provient un flot infini de récits sur Cybèle – encore une autre incarnation de la Grande Mère, parfois appelée la Mère des dieux. Comme d'autres pouvoirs féminins, elle a été créditée non seulement de la naissance, mais aussi d'accorder une vie saine et prospère, en usant d'une aptitude miraculeuse à guérir de la maladie des créatures, grandes et petites. Vous sensibiliser à la notion de l'énergie féminine – dans les histoires que vous entendez, dans les objets sacrés que vous voyez, et dans les prières que vous faites – contribuera considérablement à façonner votre vision du monde.

Vous pourriez imaginer reconnaître ces pouvoirs féminins de nourriture et de guérison dans le fenouil et le safran que vous récoltez pour préparer le dîner, ou dans les baies de sureau que vous avez cueillies pour soigner la brûlure que votre fils s'est faite la veille en aidant à s'occuper du feu pour cuisiner.

Vous imagineriez probablement aussi le féminin dans des *processus* plus vastes, ou les cycles de la nature. Les allées et venues quotidiennes des oiseaux. Le lever du soleil, et le passage des étoiles et de la lune dans le ciel, dans la noirceur de la nuit. La ronde des saisons – l'été cédant la place à l'automne, puis à l'hiver et au printemps, avant finalement, de se représenter.

De nos jours, il est possible de s'intéresser à la société des loups, des éléphants, des castors et des lions, ainsi qu'à des centaines d'autres cultures animales, et d'y constater encore l'« entremise » de l'énergie masculine – utilisée par les mâles et les femelles – pour accomplir certaines tâches, comme chasser, ou délimiter et défendre le territoire. Simultanément, dans chacun de ces animaux se trouveraient des qualités « relationnelles » féminines – de nouveau, disponibles chez les mâles, comme chez les femelles – utiles pour préserver la paix dans le troupeau, la meute ou la troupe, pour prendre soin des petits, pour renforcer les liens. Tout cela étant essentiel à la survie.

Le même équilibre entre le masculin et le féminin qui nourrit ces cultures animales peut également nous nourrir. Après tout, nous sommes aussi issus de la nature. De plus, nous avons ce type de cerveau qui peut remarquer ce qui fonctionne dans le monde qui nous entoure, puis choisir de lui donner plus d'importance dans notre propre vie.

Même de nos jours, certaines histoires venues d'autres temps et d'autres horizons peuvent servir de rappels poétiques du véritable fonctionnement du monde à plus grande échelle. Prenons par exemple celle-ci, venue de l'ancienne Samarie, intitulée « La naissance du Bois et du Roseau ».

> Au début, il n'y avait que la mer. Et la mer était appelée « Mère de l'Humanité ». Avec le temps, cette vaste mer primordiale donna naissance à An, qui était aussi appelé « Ciel », ainsi qu'à Ki, qui, dans notre monde, serait plutôt considérée comme la Déesse Terre. Un matin lumineux, la Déesse Terre fut submergée de plaisir face à la beauté du monde devant elle. Grisée par l'inspiration, elle commença à se parer d'un tissage fluide des plus fins de verdure, un châle de fleurs et de feuillage éclatant, auquel elle ajouta de magnifiques ornements de diamants, de diorite et d'argent. An, cependant, qui regardait tout cela par hasard de son royaume céleste, se retrouva considérablement attiré par la vision que lui offrait Ki – se pâmant plutôt, quant à elle, face à ses fleurs, ses pierreries et le vert émeraude de ses prairies.
>
> Alors An fut frappé à son tour d'une inspiration. Il revêtit sa tenue la plus royale, et ainsi paré, descendit des cieux dans l'une des magnifiques prairies de Ki. Et là, le Ciel et la Déesse Terre tombèrent rapidement dans les bras l'un de l'autre, en une étreinte

aimante. Lors de ce jour mystique, ils firent l'amour, évoluant en une danse d'une tendresse et d'une passion extrêmes. De leur étreinte résulta le fait que le Ciel déposa la graine du Bois et du Roseau dans le ventre de terre de Ki. Et c'est ainsi qu'une toute nouvelle ruée de vie fut prête à émerger – cette fois sous la forme d'arbres élégants et de roseaux secs, tous prêts à prospérer grâce au corps de la Déesse Mère.

Comme la science nous l'apprit plus tard, chaque être vivant doit en réalité son existence à cette union de la Terre et du Ciel. Le ciel déverse la lumière du soleil sur une planète fertile – ingrédient essentiel qui permet aux plantes de germer, de pousser et de monter en graine. Et ces plantes, à leur tour, sont à la base même de ce qui subvient à la vie des animaux, des oiseaux et des insectes. L'histoire de Ki et d'An est ce que vous pourriez facilement imaginer de vous-même un après-midi chaud de printemps, en vous baladant dans une prairie parée de fleurs sauvages, en l'élaborant à partir de rien de plus que l'observation prolongée, approfondie, de ce qui se passe autour de vous. Ce qui pourrait manquer dans ce que vous en aurez tout d'abord éprouvé, mais qui vaut cependant la peine d'être considéré, c'est la notion que cette prairie est la preuve du pouvoir stupéfiant d'un masculin et d'un féminin interreliés.

Il est vrai que, de nos jours, ce genre de raisonnement holistique peut encore sembler inédit, voire étrange. Ne serait-ce que vingt ans plus tôt, nos recherches scientifiques sur le changement climatique se focalisaient presque exclusivement sur ce qui se passait dans l'atmosphère au-dessus de nos têtes, notamment pour expliquer son comportement, une fois remplie de dioxyde de carbone.

Aujourd'hui, cependant, les chercheurs commencent à évaluer le taux spectaculaire d'humidité dans l'atmosphère généré par les forêts du monde – des forêts qui, dans certains cas, produisent littéralement ce qui équivaut à des rivières célestes. Par conséquent, en effet, l'augmentation du dioxyde de carbone peut être cause de sécheresse en réchauffant l'atmosphère, ce qui s'avère désastreux au niveau régional pour la bonne croissance des cultures agricoles. Mais nous savons aussi à présent qu'en bas ici, sur la terre, échouer à protéger une certaine forêt immense pourrait équivaloir à priver délibérément de pluie ces exploitations agricoles, même situées à des milliers de kilomètres de distance.

Au sens strict du terme, nous relions alors à nouveau la terre et le ciel, ce qui n'est pas sans rappeler ce qui arriva quand Ki et An s'unirent dans « La naissance du Bois et du Roseau ». Au point que les scientifiques continuent de découvrir l'unité saisissante des choses, liant le ciel, notre planète, les forêts, la terre, les plantes et les insectes, créant ainsi de nouvelles occasions pour qu'une fois encore, nous accueillions cette part féminine de l'équation qui s'adresse à la relation. Par rapport au mythe, la science, il va sans dire, use d'un tout autre langage et d'images bien différentes. Mais en fin de compte, elle peut néanmoins nous inciter à prendre conscience que tout dans la nature, y compris l'ensemble de l'humanité, est mieux servi lorsque les énergies masculine et féminine sont honorées à parts égales.

Joseph Campbell, mythologue, professeur, écrivain et conférencier américain, connu pour ses ouvrages portant sur la mythologie et la religion comparées, désigna par « le grand renversement » cette époque où l'aspect sacré de notre véritable nature, et de la nature de l'univers, perdait pied sous l'influence des critères de la croyance nous imaginant comme des captifs dans des corps individuels, ainsi que de la Terre, bloqués dans un état de péché intolérable. Une raison primordiale pour qu'une telle idée ait jamais pu susciter l'intérêt puis s'incruster est en partie due au fait que nous avons tourné le dos au féminin.

Alors que Campbell faisait référence à une époque commençant aux environs de 600 av. J.-C., la première pierre pour ce changement fut sans doute établie trois mille ans plus tôt, lorsque l'agriculture devint intensive, permettant aux propriétaires régnants de s'enrichir considérablement. Il ne fallut pas longtemps, telle une contagion, pour que des chefs tyranniques se lancent dans une guerre après l'autre, dans la tentative de s'emparer de ces richesses au bénéfice de leurs royaumes. C'est en plein milieu de toutes ces rodomontades que la trame des mythes même des civilisations commença à changer. Au cours des nombreux siècles nécessaires avant que le grand renversement de Campbell soit terminé, de puissants chefs étouffaient les histoires sur la déesse-nature en faveur des actes en solo de dieux machos fanfarons.

Les histoires issues de ce nouveau canon émergent étaient de ce genre : tout d'abord, une déesse à la personnalité imposante se retrouvait vaincue ou tuée par un dieu. Puis le dieu s'appropriait ce qui était autrefois des énergies féminines, des responsabilités féminines. Au cours des siècles, le thème se fit d'autant plus agressif, le dieu se fondant dans un autre dieu, encore plus puissant, soi-disant des tempêtes. De là apparut l'ère du dieu créateur dans toute sa splendeur – un chef suprême capable de créer la Terre sans la moindre contribution volontaire du féminin. Au lieu d'exercer leur propre pouvoir, les grandes déesses de la nature furent, tout au mieux, reléguées au rôle d'intermédiaire, dont la tâche consistait à solliciter la clémence d'un dieu masculin, au nom des êtres humains en souffrance. Bien plus qu'un changement insignifiant se distançant des récits sur les déesses, ce renversement d'envergure dans la façon de voir le monde marqua le début de l'oubli de ces liens communs que nous partageons avec tout sur Terre. Il s'avère que la sagesse est nécessaire à l'accomplissement. Et sans le féminin, la sagesse circulait cahin-caha, les ailes rognées.

Alors que la déesse et la Terre qu'elle nourrissait commençaient à avoir de moins en moins d'importance, il en fut de même pour la vie des femmes, qui, dans les civilisations riches en déesses de l'ancienne Samarie, dirigeaient des commerces, devenaient médecin, scribe ou prêtresse, ou encore juge au tribunal. Arrivées à l'époque de la Grèce antique, la plupart d'entre elles ne pouvaient plus être propriétaires, divorcer, voter, ni exercer des fonctions officielles.

Confrontées à l'obstination en plein essor de chefs patriarcaux pour prendre le pouvoir, les énergies féminines – et toute l'improvisation créative qu'elles représentaient –, considérées comme une menace pour le pouvoir masculin, furent ridiculisées et réprimées. Les Grecs se mirent à inventer des histoires, comme celle où Apollon s'en prend aux Furies, dont l'existence mythique remontait à une éternité, en tant que groupe ancestral de divinités vierges censées représenter le pouvoir féminin. Les Furies étaient depuis longtemps révérées pour rendre la justice, notamment au nom de la nature. L'histoire nous raconte que cela irritait tout particulièrement Apollon, qui avait spécifiquement fait don aux mortels du pouvoir de mettre la nature à genoux. Finalement, il vainquit les Furies en argumentant contre elles devant des juges, exclusivement des hommes, allant même jusqu'à obtenir le pardon pour un certain Oreste qui avait assassiné sa propre mère.

Les Furies voulaient voir Oreste puni. Mais Apollon plaida face aux juges que c'était l'homme qui était l'agent actif dans la naissance d'un enfant, la femme n'étant rien de plus qu'un réceptacle. Il plaida à la cour que le manque effectif de parenté entre une mère et son fils signifiait que tout fils tuant sa mère n'était pas pire qu'un homme tuant un inconnu. La cour fut du même avis. Les Furies – l'incarnation de l'incapacité de l'humanité à contrôler la nature, ce tumulte confus d'où l'on dit que jaillit la création même – furent alors considérées comme un ennemi vaincu.

En 200 apr. J.-C., le prétendu père de la théologie occidentale, Tertullien, écrivain latin chrétien, déclara sans détour que la femme incarnait « la porte du démon ». Des animaux associés autrefois au féminin, comme le serpent, furent diabolisés. C'est ainsi que les anciens Hébreux en arrivèrent à attribuer au serpent le rôle d'un émissaire de Satan, une créature tissée plus tard dans une histoire censée prouver que la femme était indigne de confiance : celle d'Ève.

Il fallut des siècles pour que cela se produise, mais les qualités féminines – dont la riche interdépendance de la vie qu'elles représentent, ainsi que ce qui les accompagne – partirent à la dérive, devenues dorénavant inaccessibles.

Cette illusion que le monde ne tourne pas en fonction d'un partenariat d'égal à égal entre le masculin et le féminin, mais de la répression et du contrôle exercés par le masculin sur le féminin, perdure encore depuis tout ce temps. Dans les années 1800, d'Europe et des États-Unis, provint tout un foisonnement de découvertes scientifiques, « prouvant » que les femmes étaient incapables d'avoir des idées originales. Si elles souhaitaient contribuer à la science, ce ne pouvait être qu'en apportant un nouvel éclairage sur les théories des hommes, une règle promue par des érudits de la gent masculine, même les plus progressifs de l'époque. À partir du début du XXe siècle, les femmes étaient systématiquement dissuadées de faire des études supérieures, mises en garde que cela mènerait à des problèmes au niveau de leurs organes génitaux.

En d'autres termes, en étouffant la voix des femmes, même la science finit par faire considérablement de l'ombre au féminin. Et vu l'influence que la science, comme la religion, a sur la culture en général, il n'est guère surprenant qu'un tel parti pris allait se répandre dans chaque aspect de la vie.

Cela eut une influence certaine sur ma propre vie. Mon enfance, comme d'autres, se retrouva conditionnée par des centaines de ce genre de messages, longs et courts – des notions telles que le sport était mieux adapté aux garçons, aux intrigues de westerns avec un héros solitaire que je regardais à la télévision, en passant par la quasi-absence de femmes dans mes manuels scolaires.

Même les livres sur la nature que je dévorais enfant penchaient vers le macho-centrisme. En fait, entre 1900 et 2000, parmi les livres pour enfants les plus populaires traitant du monde naturel, il y avait quatre fois plus de probabilités que les animaux mâles occupent le rôle principal. Il n'est guère surprenant, en allant au zoo, que j'aie entendu la plupart du temps mes parents, ainsi que des enfants – garçons comme filles – employer le pronom personnel masculin de la 3e personne, « il », en parlant de l'un ou l'autre des animaux les plus captivants.

Il s'agit là des histoires que nous nous sommes racontées. Et comme Peggy Reeves Sanday, une anthropologue américaine, le fit observer, au cœur des mythes et des histoires propres à une culture, se trouve « une affirmation élémentaire au sujet de leur relation avec la nature et de leur perception du pouvoir dans l'univers ».

Ce n'est pas étonnant que mes amis et moi-même, nous en ayons fini par croire que les filles et les femmes avaient en fait moins d'importance, moins de capacités. Simultanément, de tels préjugés nous rendent étrangers au féminin *archétypal* – à ces qualités que les déesses incarnaient aux yeux de tout un chacun, hommes et femmes, dont la créativité, le sens des relations, ainsi que ce qui favorise l'épanouissement sous tant d'aspects.

Ce n'est qu'à l'approche de la vingtaine, alors que j'étais vraiment enraciné dans le monde naturel, en découvrant combien ces énergies étaient entrelacées, que certaines de ces premières suppositions commencèrent à se déliter, y compris, heureusement, bon nombre des conclusions malencontreuses auxquelles j'avais abouti sur la valeur du féminin chez les garçons. Chez les hommes. Chez moi.

De nos jours, il n'y a pas une seule tradition ou institution créative ou scientifique durable, ni art, ni musique, ni écrits, ni philosophie, ni psychologie, ni médecine, qui ne reflète encore ce qui reste de cette trajectoire bancale sous domination masculine.

Même l'histoire et l'anthropologie connaissent toujours des difficultés en raison de cette vision limitée. La théorie dominante sur le chasseur-cueilleur, le premier comportement humain, a depuis longtemps attribué aux hommes le rôle du chasseur, fournissant la majeure partie de la nourriture, pendant que les femmes s'occupaient des enfants et récoltaient localement des plantes comestibles. Ce qui est largement absent de ce modèle, c'est la moindre allusion aux rôles que les femmes – comme tant d'autres mammifères femelles – pourraient avoir eus en gérant et soutenant des alliances, ou en favorisant des accords de paix. À ce stade, on ne sait même pas vraiment si la majeure partie de la nourriture venait en réalité des animaux chassés, ou des plantes récoltées par les femmes. Autant supposer que du simple fait qu'un chef mâle d'une meute de loups est plus fort physiquement, ses actions sont cruciales pour l'approvisionner d'un wapiti. Cependant, au-delà du fait que les cheffes de meute peuvent s'avérer être d'aussi redoutables chasseresses, une fois sur deux, ce sont elles qui déterminent pour commencer où et comment trouver cette proie.

Reléguer le féminin à un rôle secondaire a changé en soi la façon dont on fait l'expérience de la réalité. De nouveau, le féminin dans la nature était reconnu depuis longtemps dans la mythologie comme la force qui unifie, qui lie par la relation l'homme au cerf, le cerf à l'herbe, l'herbe au soleil, le soleil à la pluie, la pluie à l'océan, et l'océan à la lune croissante ou décroissante – force fiable, mais souvent tout aussi spectaculairement créative qu'improvisée.

En traversant la vie, privé de ce sentiment d'unification, de relation, on en vient à voir une personne, un arbre, un animal, comme des êtres individuels, ce qui nous a souvent fait rater les relations cruciales qu'ils entretiennent. On pourrait éliminer les moineaux parce qu'ils mangent notre riz, comme ce qui se passa en Chine en 1958 – une étape d'« action » orientée masculin –, pour finir par se rendre compte qu'en l'absence de ces oiseaux, les insectes prolifèrent, en dévorant le riz, et en nous en laissant beaucoup moins qu'il y en avait auparavant.

Adopter un angle de vue féminin, suggère l'ancien Tao Te Ching (*Le Livre de la voie et de la vertu*), consiste à voir ce qui « habille et nourrit toutes choses, mais ne revendique pas d'en être le maître ». La redécouverte de cette qualité qu'est l'inclusivité, apprendre à « en maintenir l'unité », nous permet de dépasser l'idée de ne sauver que par petits fragments la planète, afin de nous concentrer plutôt sur le sauvetage de l'ensemble du système.

En se laissant guider par la nature, ce que l'on découvre, c'est qu'il n'y a rien de plus fondamental pour une vie saine et résiliente, que ce soit intérieurement ou extérieurement, que de rétablir le féminin à sa juste place – littéralement, et de façon archétypale –, en étroite association avec le masculin.

À cette minute même, là-bas, dans l'arrière-pays, des centaines de louves « alpha » font ce qu'elles font le mieux, en choisissant des destinations pour trouver une proie, en faisant régner la discipline parmi leurs subalternes, en se battant lors d'accrochages d'ordre territorial, et en choisissant des lieux sûrs de rendez-vous d'été où s'occuper des louveteaux. Et cette année, ou la prochaine, confrontées à la sécheresse, les éléphantes matriarches mèneront leurs troupeaux avec une précision mystérieuse à des points d'eau éloignés, les yeux et la trompe en alerte en cas d'un danger tapi dans un buisson. Le monde ne s'arrête jamais, simplement ainsi dirigé par le féminin qui se manifeste dans tout ce qui est naturel, des lions aux abeilles, des lémuriens aux orques, des antilopes aux pieuvres, des hyènes aux bonobos, des tétras des prairies aux buses de Harris, en passant par les martins-pêcheurs. Sans dominer le masculin, mais à égalité avec lui, établissant ainsi l'équilibre crucial dont dépend absolument la survie des espèces.

5

CINQUIÈME ENSEIGNEMENT

Nos cousins les animaux nous rendent plus heureux – et plus intelligents

> [Les animaux] ne sont pas nos frères, ils ne sont pas des subordonnés ; ils sont d'autres nations, prises avec nous dans le filet de la vie et du temps […]
>
> **Henry Beston**

Seulement appelée 14, elle faisait partie de quatorze loups réintroduits dans le parc national de Yellowstone en 1995 ; la plus jeune, et la moins bien connue, de ce que les biologistes de la faune sauvage désigneraient plus tard par les louves héroïnes de Yellowstone. Sa vie était un mystère, en majeure partie parce qu'elle et son partenaire, ainsi que la meute Delta, qu'ils guidaient si fidèlement, étaient destinés à vivre dans l'une des étendues sauvages les plus reculées des États-Unis contigus : l'angle sud-est du parc national, dans la vallée magnifiquement ininterrompue de 32 km de long environ, connue sous le nom de Thorofare.

Peu après qu'elle eut été relâchée, au terme de six semaines dans un enclos d'acclimatation d'un demi-hectare environ, la vie de 14 prit un curieux tournant. Lors d'un vol de repérage de routine, les biologistes découvrirent qu'elle avait établi sa tanière, prête à mettre bas, au nord du parc de Yellowstone, près du petit village de Roscoe, dans le Montana. En plein milieu de l'élevage de bovins Lazy E-L. Sa meute comprenait deux adultes et son partenaire – un vieux loup grisonnant désigné par le numéro 13, que les biologistes avaient surnommé entre eux « Old Blue » (« Vieux bleu »). Ces loups étaient des citoyens modèles, ne s'attaquant pas une seule fois au bétail, dont ils étaient pourtant entourés chaque jour. Plusieurs cow-boys du ranch s'étaient même en fait un peu attachés à la louve 14, l'un d'eux me disant que c'était « plutôt sympa » de la voir là-dehors se balader en toute liberté avec les wapitis.

Mais certains voisins entretenaient d'autres idées à ce sujet. Après que des responsables officiels de la faune sauvage eurent reçu de nombreuses menaces de mort contre 14 et sa meute, ils prirent la décision de les recapturer, dans l'espoir de relocaliser les adultes d'origine, avec quatre louveteaux, sur un territoire moins contesté.

La relocalisation fut un succès, et les huit membres de la famille prospérèrent l'année suivante à l'angle sud-est de Yellowstone. Une région qui représente un défi pour tout animal, recouverte une grande partie de l'année d'une neige épaisse – un lieu où les troupeaux de wapitis en résidence peuvent s'avérer difficiles à trouver les mois froids, la plupart s'éclipsant à la fin de l'automne vers des chaînes de montagnes mieux adaptées pour passer l'hiver. Numéro 14 et « Old Blue », cependant, liés à vie, se révélèrent brillants pour mener leur meute sur de grandes distances, afin de trouver ces wapitis planqués. Et la plupart du temps, la direction incomba à 14.

Bientôt, à l'été 1997, Old Blue montra des signes de vieillesse. De plus en plus souvent, lors des vols de repérage, les biologistes le voyaient peiner, distancé par la meute. Il était inhabituellement lent à se joindre aux autres quand le temps était venu de chasser. Lors du contact rapproché que les biologistes eurent avec Old Blue pour lui passer un collier en hiver, ils remarquèrent que ses dents étaient terriblement usées – signe on ne peut plus manifeste d'un âge avancé. En résultat, les autres loups adultes intervenaient régulièrement pour ouvrir la peau résistante d'un wapiti récemment tué, avant de reculer pour permettre à Old Blue de se restaurer en premier, en toute reconnaissance de son statut.

Puis en janvier, le collier d'Old Blue se mit à émettre la sonorité rapide, régulière, que les biologistes identifient comme le signal de mortalité – ce qui se produit quand un loup ne bouge plus. Les scientifiques en déduisirent, à juste raison, qu'Old Blue n'était plus.

À la suite de la mort de son partenaire, dans un objectif dont aucun chercheur sur les loups n'avait été témoin ni n'avait entendu parler, 14 partit. Elle quitta le territoire où elle résidait près de Heart Lake, sans sa progéniture, petits comme louveteaux plus grands, ce qui, pour les biologistes, était un comportement inhabituel. Elle fut repérée par avion en train de voyager à l'ouest dans une neige épaisse, traversant un terrain élevé si inhospitalier qu'on n'y voyait pas la moindre empreinte du passage d'un autre animal. Par le biais du repérage en vol, associé au repérage de ses empreintes à pied, l'équipe chargée des loups allait finalement localiser 14 dans les régions les plus reculées du Pitchstone Plateau. Elle s'y trouvait seule, à presque 3050 m d'altitude, sur une pente déserte battue par le vent, regardant avec curiosité l'avion de recherche qui tournoyait au-dessus d'elle. Puis elle reprit son voyage, sur encore une vingtaine de kilomètres.

Une semaine plus tard, de retour sur son territoire, elle fut réunie avec sa famille. Bien que personne ne voulût dire que 14 avait voyagé seule pour faire son deuil, un biologiste me confia discrètement autour d'une bière qu'il s'était demandé si cela n'avait pas été précisément le cas. Que tout se résumait à une question de profond chagrin. Il n'est toujours pas parvenu à se retirer cette idée de la tête.

Rare est ce qui est plus profondément émouvant que la reconnaissance que nous partageons le monde avec d'innombrables créatures, qui, au cours des jours qui leur ont été alloués, désirent ardemment, jouent et éprouvent de la colère ou de la peur. Et font aussi leur deuil. C'est un sentiment de communion qui fait vraiment chaud au cœur, la raison pour laquelle tant d'histoires du monde entier célèbrent la vie précisément ainsi, estompant systématiquement ces frontières entre les hommes et les loups, les aigles, les lapins, les ours ou les baleines.

Que ce point commun avec les animaux en soit arrivé à devenir suspect en dit long sur la façon, dans des temps plus modernes, dont on nous a appris à voir le monde. Un point de vue qui, durant un bon nombre de siècles, n'avait aucune place pour accueillir la pensée que nous, les êtres humains, censés être infiniment supérieurs, auraient en commun des idées ou des émotions avec les êtres du monde dotés de nageoires, de plumes, ou de quatre pattes. Mais à présent, nous faisons preuve de plus en plus de discernement. Comme Marc Bekoff, spécialiste en biologie évolutive, le fait observer, un nombre considérable de mammifères, et même d'oiseaux, ont des systèmes et des chimies d'ordre cérébral rappelant ceux liés aux émotions humaines. Le taux de dopamine augmente chez les lapins amoureux, follement épris, tout autant que chez les hommes et les femmes amourachés. Une multitude de mammifères cherchant à attirer un partenaire font l'expérience d'injections internes hormonales d'ocytocine à partir de leur hypophyse, qui, pour nous tous, est fortement associée à l'activité consistant à flirter. Selon des découvertes scientifiques récentes rassemblées, note Bekoff, certains animaux peuvent au moins éprouver du chagrin et du bonheur, mais aussi de l'amour.

Pour être honnête, la réticence de ce biologiste spécialiste des loups à s'étendre sur le sujet du chagrin de Numéro 14 correspond en partie à une résistance bien ancrée, tout à fait compréhensible, des scientifiques envers l'anthropomorphisme, ainsi nommé. Correspondant à l'extension de la forme humaine à des domaines non humains, ce terme se rapporte à la projection de qualités humaines sur d'autres espèces – en les imaginant tristes, ou heureuses, ou éprouvant toutes sortes d'émotions que nous connaissons régulièrement.

Mais encore… je me rappelle au début des années 1990 m'être assis dans une prairie de fleurs sauvages au pied du chaînon Gallatin, dans le Montana, en compagnie d'un Cheyenne du Nord, un ancien. À un moment donné, je décidai de lui demander ce qu'il pensait de la notion d'anthropomorphisme. L'ayant fait, il me regarda en coin en secouant la tête.

« Pour nous, cela n'a aucun sens, dit-il. Ne le vois-tu pas ? Nous sommes ceux qui tirent leurs qualités des animaux. Cela n'a jamais été l'inverse. »

La paix et le contentement que nous parvenons à atteindre au cours de ce dur voyage dans l'existence ont bien plus à voir avec la capacité de reconnaître ce qui est précieux, digne de respect. Nous n'avons pas tous eu une enfance comme celle dont m'a parlé l'ancien Cheyenne du Nord, où les adultes lui ont soigneusement, patiemment, inculqué un sentiment profond, fiable, de l'interdépendance dans le monde. Mais même pour les millions d'entre nous n'ayant pas reçu cet enseignement en particulier, les animaux peuvent nous aider à trouver notre voie. Avec leur capacité à nous enchanter, ils possèdent le mystérieux pouvoir de toujours nous inciter à en apprendre davantage. Nous sommes attirés par ce qu'ils font et de quelle façon – impatients de s'approcher de ces autres vies, en souhaitant que le monde soit assez vaste et assez sûr pour tous nous accueillir.

La façon dont les animaux expriment les liens affectifs – la joie pure dont ils font montre, ainsi que le chagrin causé par la rupture de ces liens – se limite difficilement aux loups. En vérité, nous avons pu le constater partout, des oies aux canards, des chevaux aux lapins, des chats aux baleines, en passant par les lions de mer et les chimpanzés. En 2004, Tina, un pachyderme d'Asie adoré vivant au sanctuaire des éléphants, dans le centre du Tennessee, s'éteignit à l'âge de 34 ans. Dès sa mort, trois de ses amis entrèrent dans sa stalle, et touchèrent son corps de leurs trompes – un comportement enregistré en maintes occasions chez les éléphants vivant à l'état sauvage. Plus tard, le jour suivant la nécropsie du corps de Tina effectuée par les vétérinaires du sanctuaire, qui l'enterrèrent ensuite soigneusement, les autres éléphants abandonnèrent leur comportement normal de se tenir à l'écart les uns des autres, pour venir se blottir épaule contre épaule, en regardant son dernier lieu de repos. La meilleure amie de Tina au refuge, Sissy, prit son jouet préféré – un pneu de voiture qu'elle appréciait énormément – pour venir le déposer sur sa tombe.

De même, il y a quelques années, j'écrivis la biographie de Carole Noon, une remarquable protégée de Jane Goodall, qui fonda le plus grand sanctuaire et centre de sauvetage des chimpanzés du monde – en sauvant plus de trois cents, bon nombre d'une vie désastreuse de négligence et d'abus, enfermés dans des cages au sol en ciment, dans divers labos de recherche du pays. Une chimpanzée du nom de Phyllis, vivant au Nouveau-Mexique, avait fait partie du premier programme spatial des États-Unis, née d'une mère capturée à la fin des années 1950 en Afrique, puis emmenée dans un labo à la base aérienne Holloman Air Force Base. Là, on prépara Phyllis pour un vol spatial éventuel, ce qui incluait de passer du temps dans ce qui était désigné par l'« entraînement sur couchette ». Pour cela, elle fut placée dans une combinaison couvrant tout son torse, arrimée fermement ensuite à une structure en métal horizontale pour éviter qu'elle ne s'échappe. L'expérience fut si désagréable qu'elle finit par ouvrir, malgré elle, de profondes lésions dans ses jambes en essayant de se sortir de là. Sur ce, décision fut prise de la retirer de l'entraînement.

Mais cela ne mit pas un terme à ses souffrances. L'année suivante, elle fut transférée au département de recherche sur l'hépatite, assommée une bonne dizaine de fois pour que les vétérinaires effectuent des biopsies de son foie. Elle fut ensuite placée dans un programme de reproduction, passée de mâle en mâle le temps nécessaire pour attendre un petit. Autrement, elle était seule dans sa cage. Les petits à qui elle donna vie lui furent retirés quelques heures, ou tout au plus quelques jours après leur naissance, ce qui lui était précisément arrivé. Guère surprenant, son dossier médical au cours de cette période répertorie une litanie de symptômes indiquant une sévère dépression. Finalement, Phyllis venait d'avoir 32 ans, quand Carole Noon se présenta et lui porta secours, en l'emmenant refaire sa vie en Floride, avec de l'herbe, une alimentation saine, des jouets, et à ciel ouvert. Et, surtout, d'autres chimpanzés avec lesquels elle pourrait se lier d'amitié.

Carole Noon était absolument adorée par ses protégés. Elle passait souvent des heures au beau milieu de la nuit assise, à leur parler, ou à les réconforter s'ils semblaient effrayés ou anxieux. Lorsque Carole s'éteignit – mourant d'un cancer chez elle, à côté du refuge –, les chimpanzés émergèrent des locaux pour se regrouper en silence, solennellement, face à sa maison. Pour lui rendre hommage. Submergés par la tristesse face à la disparition de leur protectrice et amie.

L'année 2018 fut encore témoin d'une autre démonstration de chagrin à briser le cœur, qui captiva l'attention du monde entier, quand une orque du nom de Tahlequah donna naissance à un veau dans les îles San Juan, dans l'État de Washington. Le premier veau de ce type né vivant dans cette région depuis trois ans. Malheureusement, quelques minutes après sa naissance, le nouveau-né mourut. Il est bien connu que les baleines et les dauphins, comme les éléphants et les chimpanzés, font leur deuil de la perte d'amis et de membres de la famille – lors de rituels qui durent généralement un ou deux jours. Mais à la mort du veau de Tahlequah, elle entreprit un rituel de deuil extraordinaire, en nageant vers le nord sur 1 600 km au moins, durant dix-sept jours, en poussant tout ce temps le corps sans vie de son petit, plongeant dans les eaux bleues et froides du Pacifique oriental pour aller le chercher s'il glissait de son nez.

Ce n'est probablement pas aussi important, ce sentiment que nous éprouvons face au comportement particulier d'un animal, à un moment donné. Ce qui importe, c'est que nous nous arrêtions pour vraiment ressentir combien nous sommes attirés par les animaux pour commencer. Comme Paul Shepard, un environnementaliste, le fait remarquer, l'anthropomorphisme lie notre continuité au reste du monde naturel. Cela suscite un désir de nous identifier aux animaux, d'apprendre d'eux, « même si cela est motivé par le fantasme qu'ils ne sont pas différents de nous ». En fait, aucun animal ne fait l'expérience de la vie précisément comme vous ou moi, ou comme d'autres de ses congénères. Alors qu'il y a probablement des recoupements, les animaux assimilent aussi le monde de diverses façons que nous ne pouvons imaginer, différents de nous, tout autant que des uns et des autres. En le comprenant vraiment, une occasion en or nous est offerte, celle d'un nouveau départ en compagnie de ceux avec lesquels nous partageons la planète, un ravivement au niveau relationnel, alimenté par le mystère et l'émerveillement.

Des images d'oursons ou de lionceaux nouveau-nés, ou de veaux orignaux dégingandés, nous donnent des frissons très agréables, ainsi témoins de la vie qui se perpétue. Nous percevons le lien qui unit une mère animale à ses petits. Nous savons au plus profond de nous-mêmes la patience infinie qu'elle devra trouver face à leur besoin continuel de téter, de jouer, et de ne surtout pas la lâcher. Nous percevons la joie des chevreaux bondissant. Nous pouvons facilement prendre part à l'enthousiasme magnifique dont fait montre un chien filant sur la pelouse, à la poursuite d'une balle de tennis qui rebondit.

Néanmoins, ce sentiment qui fait chaud au cœur, confus, en voyant ce qui est le plus mignon et le plus joueur dans le monde animal, ne suffit vraiment pas. Il faut que notre attirance pour ce qui est mignon repose sur une compréhension mûre de notre destin commun. S'arrêter ainsi sur ce qui est plaisant à regarder, en restant passif face au problème plus large de sauvegarder ce qui est nécessaire aux animaux pour subvenir à leurs besoins, équivaut à renoncer à la joie plus profonde et au réconfort restant à découvrir dans nos relations intimes avec d'autres êtres. En ce qui concerne d'autres créatures, à chaque jour qui passe, l'occasion se présente de trouver dans la nature de bonnes raisons de ne pas diviser ni chosifier. Mais plutôt de constater que le destin ultime d'une famille d'ours, de lions, de loups ou d'orignaux est, comme le nôtre, lié à un réseau élaboré de vies, aux éléments renforcés et enrichis par une planète en bonne santé.

Quand on me demanda pour la première fois, en 1994, une chronique sur le retour des loups à Yellowstone, j'en fus fou de joie. À la pensée de me rapprocher d'animaux d'une telle intelligence, j'étais très enthousiaste – l'occasion d'observer comment chacun d'eux assumerait la tâche de s'adapter à vivre dans ce qui était pour eux un nouveau territoire inexploré. Mais j'étais par ailleurs un peu réticent. Je connaissais les loups comme étant beaux, gracieux et intelligents, mais ils avaient aussi une sorte d'aura puissamment mythique. Vraiment redoutés, tout en étant profondément estimés, les loups avaient occupé au fil des siècles une place importante, hors du commun, dans l'esprit des hommes, tantôt dieux, tantôt démons. La vérité les concernant – en tant que carnivores intelligents, travaillant dur, essayant là-dehors de subvenir à leurs besoins comme tout un chacun – a dû trop souvent céder la place à leur prestige ou à leur côté obscur. Et au milieu des années 1990, cette même tension allait alimenter un spectacle à l'occasion de leur réintroduction à Yellowstone, si tapageur que cela m'incita à réfléchir à deux fois pour décider si je devais vraiment m'y intéresser de plus près.

Alors que leur arrivée approchait, des tentes de cirque furent montées aux environs de l'abord nord de Yellowstone, pour accueillir des centaines de journalistes et d'équipes de tournage venus du monde entier. Entre-temps, dans la capitale de l'État du Montana, des hommes en colère paradaient avec des pancartes où on lisait que « Les loups sont les Saddam Hussein du monde animal », et « Loups : liquidez une meute par jour ». Dans cette explosion de menaces de mort contre les loups, une procession de fourgons servant de leurres voyageait à des kilomètres des véhicules qui les transportaient, dans l'espoir de déjouer les plans d'un tireur éventuel. De surcroît, tant de menaces avaient été formulées à leur encontre au cours des semaines précédant leur arrivée à Yellowstone, que leurs enclos d'acclimatation étaient protégés par des dispositifs militaires de surveillance de haute technologie.

Ces enclos, où les loups relocalisés passèrent de six à huit semaines, faisaient partie d'une tentative pour atténuer la réaction instinctive de l'animal l'incitant à retourner sur son territoire d'origine. La situation du parc était telle que leur besoin primaire naturel de filer vers le nord, vers leur habitat au Canada, les aurait incités à pénétrer au cœur même de la région du bétail – un désastre en puissance. Des mois plus tard, après que les loups eurent été relâchés avec succès – et après que ceux comme 14 et sa meute eurent été délocalisés des terres privées des ranchs –, la fureur et les menaces qui l'accompagnaient commencèrent un peu à s'atténuer.

Bien après que les tentes de cirque furent démontées, que les journalistes couvrant la réintroduction des loups furent partis s'intéresser à la prochaine grande histoire, un petit noyau dur nous regroupant resta sur place. Et c'est ainsi que nous avons souvent été témoins du miracle quotidien de ces quatorze loups courant en toute liberté – explorant, chassant, établissant de nouveaux territoires dans une partie de la région, riche, sauvage, qui n'avait pas connu les pattes d'une meute depuis au moins soixante-dix années. Il fut excitant de les observer au cours des mois et des années qui suivirent – dans la sérénité régnant dans l'arrière-pays, comme lorsque j'en aperçus certains par le plus grand des hasards le long de la route d'accès au nord-est, dans la vallée de Lamar. Ce fut alors, loin des mythes et de la peur, qu'une certaine version du sentiment profond de lien de parenté avec ces créatures, que les peuples autochtones avaient depuis longtemps reconnu, commença à émerger en moi.

J'observais les soins, très collectifs, et en quelque sorte excentriques, qu'ils prodiguaient à leurs petits, et je fus témoin d'étonnantes démonstrations de coopération dans le cadre de l'activité très dangereuse, voire potentiellement fatale, de la chasse aux wapitis. Je m'attardais pour regarder les loups en période de repos, pour les observer alors qu'ils baguenaudaient près de leur tanière ou vagabondaient, curieux, apparemment à la recherche de rien de plus que ce qu'ils pourraient trouver de l'autre côté de la colline.

Encore et encore, ils me surprirent, et je n'en croyais pas mes yeux, en proie à tant d'émerveillement. Ne serait-ce que les multiples façons dont ils jouaient les uns avec les autres, et si souvent, étaient stupéfiantes. Les loups adolescents prenaient des morceaux de peau de wapiti, par exemple, avant de les lancer dans les airs et de les rattraper, comme autant de frisbees. Ou la façon dont des familles entières de loups, adultes comme jeunes, se mettaient sur le dos au sommet d'une colline, pour se laisser glisser sur un champ de neige, avant de remonter en courant impatiemment, la langue pendante, pour s'y remettre.

Tout scientifique vous dira qu'il y a un grand avantage à rester à distance de l'objet de ses recherches, en parvenant à en extraire des conclusions, éventuellement confirmées par d'autres également parvenus à un point de vue objectif. Mais ce fut en observant les loups de Yellowstone que je commençai à me demander s'il ne vaudrait pas mieux réfléchir à la suggestion de cet ancien Cheyenne du Nord – que bon nombre des qualités que nous avons développées en tant qu'individus et communautés nous viennent des animaux, et non le contraire. Il est indéniable que les loups – ainsi que tant d'animaux – furent les enseignants de nos ancêtres. De plus, tout aussi intelligents que nous pourrions l'être, nous n'avons simplement pas dépassé leur source de sagesse – et cela ne risque pas d'arriver. Leurs aptitudes perceptives, leurs instincts, leur force et leur grâce physiques, ainsi que leur efficacité manifeste pour nouer socialement des liens, sont autant d'aspects perfectionnés au cours de dizaines de millions d'années. D'un point de vue génétique, nous tous, habitants de la Terre, nous avons suivi différentes voies. Mais ceux qui sont parvenus jusqu'ici, que ce soit revêtus de plumes, de fourrure ou de blue-jeans, y sont, non pas par chance – bien que nous en ayons tous eu un peu –, mais grâce à des niveaux stupéfiants de résilience.

Nous pouvons sûrement trouver un moyen de discerner les faits biologiques, tout en gardant notre imagination réceptive à ce qui nous lie, mais pour lequel nous n'avons pas encore de mots ou de théories. Je pense en fait qu'il s'agit de la résolution que cherchait le biologiste spécialiste des loups en repensant au chagrin de 14. Accompagnant son rapport impeccable de rigueur scientifique, je sais à présent qu'il a aussi passé un certain temps à réfléchir tranquillement à ce qui pourrait se passer d'autre chez ces animaux, dépassant de loin sa capacité d'observation ou de mesurage. Par conséquent, sa science est précisément ce qui nous est nécessaire si nous devons relever de manière réfléchie, humaine, les défis qui nous attendent de ce genre qui se situent dans deux mondes à la fois – l'un empli d'observation directe, l'autre de mystère.

Mettre le mystère en tandem avec l'observation directe scientifique est un bond de géant à partir de ce que nous avons vu se passer avec René Descartes. Et Descartes ne manquait pas de compagnie, notamment avec la plupart de ses collègues du XVIIe siècle, aussi persuadés que lui que les animaux n'avaient ni sentiments ni émotions, privés des qualités auxquelles nous accordons de l'importance chez nos semblables. Habituellement, les cris de détresse des animaux étaient considérés comme rien de plus que du bruit produit par une sorte de ressort interne, programmé pour émettre un cri perçant après un coup violent.

Une raison essentielle pour laquelle les personnes éduquées au XVIIe siècle trouvaient particulièrement difficile d'envisager que les animaux pouvaient jouer, sentir, pleurer et communiquer, ainsi que nous faire part d'informations importantes sur leurs propres façons d'exister hautement évoluées, c'était que de telles idées représentaient une menace pour les croyances fondamentales relatives à l'univers. Pour la science, comme pour la religion, toute suggestion de notre lien avec les animaux mettait au défi l'ordre de la création.

Cependant, même auparavant, il y avait des critiques de cette vision du monde. Comme Michel de Montaigne l'écrivit des années plus tôt, dans les années 1500 – en se révélant bien en avance sur son temps –, les hommes étaient idiots de se juger supérieurs à toute autre créature.

« Quand je joue avec mon chat, comment pourrais-je savoir qu'il passe du temps avec moi, plutôt que moi avec lui ? réfléchit Montaigne. [...] Pourquoi cela devrait-il être un défaut chez les bêtes et non chez nous qui interrompt toute communication entre nous ? »

Mais encore, la vaste majorité des premiers scientifiques qui étudièrent les animaux attiraient avec fierté l'attention sur leur fidélité à cette idée inspirée des Grecs, préconisant de se distancier de ce qu'on étudie. Et encore, ce qui se vérifie simplement avec ces conclusions prétendument scientifiques au sujet des femmes et des personnes de couleur, de profondes croyances personnelles et sociales sur les animaux corrompirent l'objectivité du chercheur. Les hommes étaient les élus – ceux qui étaient responsables, placés là par Dieu, et par conséquent, libres de faire ce qu'ils voulaient du reste de la création. Il est vrai, l'affirmation que les animaux n'éprouvent pas la souffrance en fit tiquer plus d'un. Mais, dans l'ensemble, cela joua en la faveur de la croyance sociale bien ancrée que les êtres humains et les animaux n'avaient aucun lien de parenté. Dans le mythe grec, Apollon plaide pour qu'Oreste, un matricide, soit libéré, parce que sa mère était essentiellement une étrangère pour lui. Mille sept cents années plus tard, dans le monde des êtres humains, les hommes firent valoir l'argument d'infliger toutes sortes de souffrances aux animaux, parce qu'ils les jugeaient dénués de sentiments et d'âme.

On ne peut vraiment pas souligner assez le degré auquel la science à l'origine – et, par son intermédiaire, finalement, la société en soi – tendait à identifier, puis à défendre avec acharnement le concept de « l'autre ». En fonction de cette direction, des groupes entiers d'êtres vivants étaient étiquetés comme étant inférieurs – comme étant « moindres que » ceux chargés de l'étiquetage. Lorsque Descartes usait de cet argument, l'une de ses « preuves » préférées de la supériorité humaine, c'était que « les bêtes ne parlent point [...] ». Comme si la seule communication valant la peine d'être considérée comme intelligente s'exprimait par des mots, créés par les êtres humains.

Mais qu'en est-il de ces communications incroyablement complexes entre les oiseaux, ou des rituels de parenté et des conversations qui se chevauchent chez les dauphins et les baleines – dans un langage consistant en deux, trois, voire quatre couches superposées de clics, sifflements, vocalises et autres productions sonores? Les loups, les coyotes et les renards peuvent communiquer avec leurs congénères grâce à plus d'une dizaine d'expressions faciales, ainsi que par des postures des pattes, de la tête et du corps, et la position de la queue, accompagnés de sons, des aboiements aux grognements, en passant par des gémissements ; tout cela composant un certain nombre impressionnant de messages cohérents. Puis il y a la communication dansante propre aux abeilles, pour faire part de la localisation des fleurs à d'autres membres de retour à la ruche. La « danse en rond » transmet des informations aux abeilles de la ruche sur les ressources situées à 90 m environ. D'un autre côté, la « danse frétillante », plus complexe, leur permet de communiquer entre elles pour indiquer la quantité d'énergie nécessaire afin d'atteindre la source de nourriture plus éloignée. Le vervet, primate d'Afrique, use de plusieurs types de vocalisations pour alerter ses congénères de certains prédateurs tapis dans le secteur, et avec d'autres primates, noue des liens en communiquant par le toucher.

Nous savons depuis un moment que les animaux se servent d'outils, comme les chimpanzés qui en fabriquent pour prélever les fourmis légionnaires dont ils se nourrissent. Les dauphins balaient littéralement le fond de l'océan avec des éponges marines pour débusquer leurs proies, et les corbeaux se servent de brindilles pour empaler les larves. On a pu observer des corneilles qui fabriquaient des jouets, et des mouettes qui se servent des voitures circulant sur l'autoroute pour casser des coquillages. Au cours de la saison de nidification des aigrettes, les alligators équilibrent des bâtons sur leur museau, appâtant ainsi ces oiseaux qui s'affairent à récupérer des matériaux pour construire leur nid.

Alan Rabinowitz, un zoologiste américain qui fut un défenseur inspiré et infatigable de la protection des quarante espèces de chats sauvages du monde, avait un avis bien différent sur la notion de communication animale. Ayant grandi à Brooklyn dans les années 1950 et 1960, enfant, il était souvent attristé en voyant comment des gens, par ailleurs gentils, restaient indifférents face à un caméléon domestiqué mourant de déshydratation, ou en laissant mourir une tortue en oubliant d'ajouter de l'eau dans son aquarium. Ou d'ailleurs, combien il était même fréquent que des amis ou des membres de la famille fassent euthanasier leur chien malade.

« Il y avait une absence de sentiments [...] envers les animaux. Je [...] pouvais voir que si les animaux étaient dotés de la parole, les gens ne les traiteraient pas de cette façon. »

Alors enfant, Rabinowitz avait grandi affecté par un bégaiement sévère. Si sévère, d'ailleurs, que le système scolaire de la ville de New York l'avait déclaré handicapé, avant de le faire entrer sans tarder dans des classes spécialisées, de la maternelle à la sixième. Mais il découvrit qu'il pouvait faire deux choses sans bégayer. D'une part, chanter, ce qui ouvre la gorge, favorisant la circulation de l'air, et permet de prononcer les mots avec fluidité. D'autre part, parler aux animaux. Durant des années, il était parti de l'école sans avoir prononcé un mot, pour rentrer chez lui, où, librement, sans bégaiement, il parlait à ses animaux domestiques – des tortues vertes, des hamsters et des caméléons.

Avec le temps, le père d'Alan, ayant constaté qu'une sorte de contentement détendu submergeait son fils à la suite de ces moments passés avec ses animaux de compagnie, l'emmena au zoo du Bronx. Ils se rendirent notamment à ce qu'on connaissait alors sous le nom de Great Cat House, ou la « maison des grands félins », remplie de lions, de jaguars et de tigres.

Le garçon et les grands félins échangèrent des regards fixes, Alan y percevant souvent leur tristesse, leur colère. Et il repartait toujours de Great Cat House avec le sentiment d'avoir eu avec eux une communication bien plus significative qu'il n'avait été en mesure d'avoir avec les hommes. Il parlait souvent plus particulièrement à un jaguar. Et voici ce qu'il répétait au grand félin : « [Un jour ou l'autre] j'essaierai de nous trouver un endroit où vivre. »

« Je me jurais [...] que si jamais je parvenais à trouver ma voix, que je serais leur voix. Je serais là pour eux. »

Ce qu'il fit précisément. En plus des recherches révolutionnaires sur les chats sauvages dans le monde entier, en 1986, à 33 ans, Rabinowitz fonda le premier sanctuaire du jaguar du monde, sur la pente orientale des monts Maya, dans la région centre-sud du Belize.

Heureusement, les idées selon lesquelles les animaux étaient incapables de ressentir la douleur ont commencé à s'effriter dans les années 1700. Cependant, l'orgueil démesuré à l'origine de telles notions perdura. Deux siècles après Descartes arriva un homme brillant, du nom de Claude Bernard – glorifié de nos jours comme le père de la médecine expérimentale. Il refusait systématiquement d'admettre la cruauté qu'il infligeait aux animaux qu'il étudiait, en argumentant que leurs souffrances faisaient pâle figure en comparaison de la noblesse de sa quête de connaissances. Il écrivit : « Le physiologiste [...] [est] absorbé par une idée scientifique qu'il poursuit : il n'entend plus les cris des animaux, il ne voit plus le sang qui coule, il ne voit que son idée et n'aperçoit que des organismes qui lui cachent des problèmes qu'il veut découvrir. » Certains de ses collègues, cependant, de plus en plus affectés par les cris de leurs sujets animaux, entreprirent de les réduire au silence en leur coupant les cordes vocales.

Quant à l'épouse de Bernard, après avoir souffert durant des années des visions et des cris horribles issus des expériences à domicile de son mari, elle en eut assez. Elle le quitta avec leurs enfants. Puis elle établit un refuge pour les chiens errants ou abandonnés – comme ceux que son ancien mari attrapait et torturait lors de ses expérimentations.

Dans cette conviction dont fit montre Bernard, se trouve l'essence même du cœur-machine qui, à l'occasion, nous hante encore aujourd'hui : cette croyance que quand il s'agit d'exploiter « l'autre », et en vérité, cela peut signifier des animaux, ou des communautés entières de gens, ce qu'un scientifique ou un dirigeant veut découvrir ou contrôler justifie de recourir à tous les moyens jugés nécessaires pour y parvenir.

Ce n'est que tout récemment qu'il fut interdit de retenir captifs des chimpanzés dans des cages en ciment d'à peine 3 m². Faisant partie des animaux les plus intelligents, sensibles et sociaux sur Terre, ces primates, comme ceux sauvés par Carole Noon, pouvaient être ainsi confinés de trente à quarante ans, servant de sujets d'expériences, allant d'énormes perfusions de médicaments psychotropes à des tests de produits chimiques toxiques, et subir des traumatismes contondants lors d'études des dommages dus à des accidents de voiture simulés. Finalement, en 2015, le US Fish and Wildlife Service, un organisme fédéral des États-Unis dépendant du département de l'Intérieur, qui s'occupe de la gestion et de la préservation de la faune, répertoria tous les chimpanzés sur le territoire comme étant en danger, mettant essentiellement un terme aux essais biomédicaux, entre autres, auxquels ils étaient soumis. Les Instituts nationaux de la santé (National Institutes of Health) suivirent en annonçant qu'ils allaient mettre à la retraite la totalité de leurs trois cents chimpanzés, ou à peu près. Malheureusement, à ce jour, nombreux sont ceux qui dépérissent encore dans des labos, attendant d'être accueillis dans un sanctuaire.

Non qu'il y ait eu une progression sur tous les fronts. Alors que l'on pourrait être sensible à cette pensée, la vision du monde qui a permis à Descartes de frapper son chien pour appuyer ses propos, qui a encouragé à grande échelle à refuser tout respect à nos congénères, et nous a pratiquement rendus aveugles aux enseignements de l'interdépendance, constitue une pierre angulaire de la façon dont les civilisations occidentales en arrivèrent précisément à voir le monde. Et nous ne l'avons pas encore vraiment dépassée. Néanmoins, nous progressons. Actuellement, la science en Occident commence à confirmer ce que les peuples autochtones savent depuis des milliers d'années, en découvrant une avalanche de nouvelles connaissances sur nos congénères voyageurs. Comme le fait qu'il semblerait maintenant que les neurones dans le cortex du cerveau d'un éléphant – la partie permettant des capacités cognitives supérieures – pourraient lui permettre de synthétiser une plus grande quantité d'informations à partir de son environnement, comparé à tout autre mammifère sur Terre, y compris nous, les hommes. En se basant sur ces découvertes, Bob Jacobs, chercheur en neurosciences, dit qu'il pense, ainsi que ses collègues, que les éléphants sont « essentiellement des animaux contemplatifs ». À la différence des hommes et des chimpanzés, programmés pour prendre rapidement des décisions basées sur les stimulus dans leur environnement, les éléphants semblent être particulièrement bien adaptés à la curiosité, et à la résolution de problèmes. Ce qui concorde avec ce que les tribus de Côte d'Ivoire disent depuis toujours à leur sujet, en les louant pour leur intelligence, leur coopération et leur modération.

Puis il y a la preuve évidente scientifique que les corneilles ont une compréhension du principe de causalité, rivalisant avec celle qu'en aurait un élève de CP. Et que de nombreux chiens comprennent une arithmétique simple. Et que les cacatoès peuvent maîtriser le crochetage de serrure afin d'ouvrir des boîtes contenant de la nourriture.

Ces dernières années, nous avons appris que beaucoup d'animaux possèdent ce que l'on désigne parfois par la conscience de soi – en d'autres termes, une créature a conscience d'elle-même. En 2012, un groupe d'éminents neuroscientifiques signa la Déclaration de Cambridge sur la conscience (Cambridge Declaration on Consciousness), reconnaissant les preuves scientifiques que de nombreux animaux, dont les loups, ont « conscience », comme les hommes, de multiples façons. Ils possèdent « conscience, connaissance et intention » – des qualités qui, d'un point de vue humain, sont les clés de voûte de l'intégrité, voire de la moralité, depuis des milliers d'années.

Nous savons, également, que certaines créatures collaborent même pour établir et maintenir des traditions complexes, au sein de leur famille, et entre les membres d'une même espèce – ce que, nous, les hommes, faisons systématiquement pour alimenter notre sentiment d'identité et d'appartenance. Les baleines et les dauphins présentent une bonne vingtaine de salutations identifiées, et d'autres comportements favorisant les liens affectifs, dont les détails sont établis en fonction des préférences d'un groupe local particulier. De surcroît, ces dauphins ont non seulement des sifflements uniques en leur genre, qui leur permettent de s'identifier, mais, d'après ce que l'on peut en dire, ont en fait des noms les uns pour les autres.

Avec cette abondance de nouvelles compréhensions issues de la science au sujet de nos parents animaux, nous avons devant nous une occasion en or, et simultanément, une obligation en or, de guérir ces lieux où le respect reste à retrouver envers d'autres créatures.

Revenons aux loups. La raison expliquant en partie nos réactions intenses à leur encontre – positives comme négatives – a probablement beaucoup à voir avec le fait que la société des loups est mystérieusement similaire à la nôtre. En réalité, après avoir étudié leurs comportements sociaux des plus complexes, certains anthropologues et ethnobiologistes suggèrent que, quand il s'agit d'étudier l'évolution du comportement humain, en guise de comparaison, les loups pourraient être un choix mieux adapté que les primates. Mais dans un certain sens, cela n'a rien de nouveau. Mis à part *Le Petit Chaperon rouge*, des milliers d'histoires issues de cultures du monde entier, de la Rome de l'Antiquité à la tribu Lakota, ont brossé un tableau d'un lien de parenté primaire entre la société des loups et celle des hommes.

Au cœur de la Rome actuelle, parmi ce qui est probablement l'une des plus belles collections d'art classique du monde, au Musée national romain, se trouve un magnifique autel en marbre datant d'environ 200 apr. J.-C. Lieu sacré réalisé en hommage à Mars et à Vénus, une scène particulièrement captivante a été sculptée sur un côté, représentant une louve allaitant les jumeaux Romulus et Rémus.

Longtemps révérés comme les fondateurs mythiques de Rome, ils seraient nés dit-on d'une vierge du nom de Rhéa, mystérieusement fécondée par le puissant dieu Mars. Bon, tout cela se passa à une époque où régnait un roi malfaisant. En voyant la beauté et la force éblouissantes des jumeaux, il soupçonna immédiatement qu'il devait y avoir en eux quelque chose de divin. Craignant le pouvoir qu'ils pourraient un jour détenir, il ordonna discrètement que Romulus et Rémus soient noyés dans une rivière à proximité. Cependant, prêt à le faire, l'homme de main du roi chargé de la sale besogne ne put s'y résoudre. Au lieu de les noyer, il déposa délicatement les jumeaux dans la rivière, qui les emporta, avant que les racines d'un figuier ne les retiennent sans tarder. Le hasard faisant bien les choses, une mère louve pleine de compassion trouva les enfants accrochés là, les retira de l'eau, et entreprit de les nourrir et de les protéger. Finalement, la douce louve et les enfants dont elle avait la charge furent découverts par un berger et sa femme tout aussi doux, qui proposèrent de prendre la relève en élevant les futurs dirigeants romains, jusqu'à ce qu'ils soient devenus de jeunes hommes.

Bon nombre d'événements se produisirent pour les jumeaux en se risquant dans l'enfance, puis dans leur vie publique. Il s'y trouvait une bonne part d'intrigues, et pas mal d'aventures positives, comme lorsqu'ils prirent conscience de leur héritage divin. Mais tout ne se passa pas à leur avantage.

Lors d'une querelle amère entre les frères, pour savoir où établir l'Empire romain, Rémus fut tué, certains disent par Romulus en personne. Celui-ci entreprit d'établir la cité de Rome, dont le nom découle du sien, sur le mont Palatin – un événement que la légende romaine situe le 21 avril de l'année 753 av. J.-C. Il établit par ailleurs la loi romaine, et à ses moments de loisir, occupa la fonction d'un puissant général. Doté d'une force surhumaine héritée de son père, Romulus mena l'armée romaine de victoire en victoire contre une longue liste d'ennemis – et même contre les Troyens.

Tout cela et bien plus encore, dirent les Romains, ne fut possible que grâce à cette louve bienveillante qui sauva les garçons d'un enchevêtrement de racines de figuier, sur la berge d'une rivière. Descendants divins de Mars et de la vierge Rhéa, Romulus, Rémus et l'Empire romain n'auraient jamais connu le succès, si ce n'est grâce à une louve. Ce qui, dans le grand dessein de la poésie mythique, semble exactement correct, étant donné que Mars lui-même considérait les loups comme étant sacrés.

L'histoire de Romulus et de Rémus pourrait être la plus célèbre sur des nourrissons sauvés et élevés par des loups, mais ce n'en est qu'une parmi des centaines. Dans la Crète antique, Apollon a un enfant avec Acallis, la fille d'un méchant roi tyrannique, Minos. Craignant que celui-ci ne soit outragé par leur union charnelle, ils dissimulèrent le bébé dans les bois. Là-bas, des loups le nourrirent et le protégèrent, jusqu'à ce qu'il soit lui aussi secouru par des gardiens de troupeaux.

En Irlande, au cours du xe siècle, le grand roi du pays fut tué lors d'une bataille contre son neveu. Par la suite, son épouse, Achta, craignant pour sa vie, alla se cacher avec leur bébé, Cormac, dans des bois à proximité. Un matin, elle se réveilla sous un arbre, et s'aperçut que Cormac avait disparu. Dans tous ses états, elle passa les bois au peigne fin avec ses serviteurs, en vain. Après qu'Achta eut promis une généreuse récompense pour qu'il lui soit rendu, un chasseur trouva finalement le bébé dans les grottes de Keash. Il avait été adopté par une mère louve, qui s'était occupée de lui comme de sa progéniture. En fait, le chasseur rapporta que quand il retrouva le bébé Cormac, il était aussi heureux qu'il aurait pu l'être, se battant pour jouer avec ses frères et sœurs loups.

La liste ne s'arrête pas là. Au Sénégal, le loup était le premier être intelligent créé par le dieu Roog ; dans cette culture, le loup était un grand prophète, dont on dit qu'il demeurera sur Terre bien après que les hommes en eurent disparu. Dans les traditions mythiques germaniques, celtiques et mongoles, les loups étaient à la fois les compagnons des hommes égarés, et les messagers du divin. Et dans des sociétés tout aussi anciennes au sud de l'Italie, de l'Iran à la Turquie, et à la Tchétchénie, des clans entiers s'appelaient fièrement des loups, ou, du moins, des descendants des loups créateurs du passé lointain.

Entre-temps, les peuples autochtones d'Amérique du Nord, des Quileutes aux Nez-Percés, en passant par les Anichinabés, les Zunis, les Pawnees (désignés par d'autres tribus par le Peuple des loups), et de nombreux autres, se considéraient non seulement comme leurs descendants, mais avaient aussi un grand respect pour les loups de ce monde, en tant que guides et enseignants pour apprendre comment bien vivre.

Quant à moi, après à peine quelques mois passés avec les loups de Yellowstone, j'étais complètement sidéré, ébahi par ce qui semblait être un mélange hautement élaboré de raisonnement et de connaissances, et d'une sorte d'organisation fermement et totalement établie sur la coopération. Ces années que je passai dans l'arrière-pays en leur compagnie, je les ai observés dans des situations auxquelles les hommes furent confrontés au fil des siècles. Comment travailler ensemble du mieux possible pour s'assurer de la nourriture. Comment éviter que les querelles de famille ne dégénèrent en bagarres. S'investir dans le raisonnement complexe nécessaire pour analyser le danger, comme en rencontrant soudain une autre meute le long d'une limite territoriale, puis en réagissant d'une façon profondément coordonnée pour s'en sortir indemne. En bref, je les ai vus développer et entretenir durablement des relations souples, basées sur la confiance et la réciprocité.

Au-delà de la force, de la vitesse et de la puissance de ces animaux, se trouvait un type de gouvernance remarquablement utile. La forte cohésion dans les meutes de loups permet à leurs membres individuels de s'isoler de temps à autre dans la journée. De jeunes adultes quittent parfois la meute pendant toute une période, pour voyager par monts et par vaux ; s'ils finissent par ne pas trouver de partenaire, ils peuvent décider de rejoindre leur meute natale, auquel cas, ils y seront on ne peut plus bienvenus.

J'ai observé dans les meutes de Druid Peak, Soda Butte Creek et Slough Creek à Yellowstone le dévouement extraordinaire des loups quand il s'agit de prendre soin de leurs louveteaux, chaque adulte participant à la tâche hautement responsable de veiller sur eux de mai à septembre. Ces obligations de garde des petits étaient effectuées dans des lieux soigneusement choisis, souvent par la femelle alpha en fonction de la facilité pour se défendre des prédateurs qu'ils présentaient, de leur exposition aux éléments météorologiques, et de leur proximité par rapport aux proies pour une chasse fructueuse. Certains adultes de la meute restaient avec les petits, jouant avec eux chaque heure de veille, tandis que d'autres se lançaient dans des expéditions de chasse, ramenant souvent de la viande dans leur estomac, qu'ils régurgitaient pour nourrir les louveteaux. Puis tout le monde se détendait.

L'observation attentive des loups pourrait bien avoir inspiré ce vieux proverbe africain: « Il faut tout un village pour élever un enfant. »

En grande partie, ce comportement favorise les liens affectifs dans la meute – facteurs essentiels pour la survie. Cependant, tisser ces liens dépend, comme chez les hommes, des personnalités qui peuvent s'accorder. Les meutes de loups ne sont pas aussi efficaces lorsqu'elles rivalisent les unes avec les autres. C'est bien simple, les personnalités coopératives semblaient composer des meutes plus prospères. Les loups ayant les dents longues risquent d'avoir plus de difficultés pour obtenir de quoi manger, étant donné que la chasse requiert des concessions extraordinaires, donnant-donnant. Le manque de coopération peut aussi mener une meute à subir davantage de morts de louveteaux dues à des prédateurs, ainsi que d'adultes, à la suite de disputes d'ordre territorial mal gérées avec des meutes voisines.

Pendant très longtemps, on a présumé que les loups faisaient partie des premiers animaux adoptés par la culture humaine. Un louveteau orphelin, comme on le raconte, est emmené dans un campement et élevé par les gens qui y vivent. Mais nous pourrions aussi commencer à considérer les histoires parlant de ce qui prend plutôt la direction inverse. Et si des loups audacieux, plus qu'affables, se présentaient autour des campements des hommes, en se fiant à leur sage discernement, pour venir les solliciter activement comme partenaires sociaux ? Il ne s'agit pas de la loi du plus fort, mais plutôt, comme Bridgett vonHoldt, spécialiste en biologie évolutive, le désigne, de « la loi du plus aimable ».

Reconnaître nos relations avec les animaux peut contribuer à susciter en nous cette paix et ce sentiment d'appartenance que nous désirons tant. Repérer le passage fugace, rapide, d'un cerf à queue blanche lors d'une promenade dans les bois, apprécier la vue des oiseaux sur les mangeoires à l'extérieur de nos fenêtres, plonger le regard dans celui de notre chien, ou gratter notre chat derrière les oreilles, tout cela évoque une relation sacrée.

Guère surprenant, cette même science qui nous a permis de mieux apprécier l'intelligence et l'éventail de sentiments de nombreux mammifères sauvages, suggère à présent que les animaux dont nous faisons l'élevage en vue de les consommer ont aussi évolué avec d'impressionnants niveaux de conscience. Par exemple, bien qu'ayant été domestiqués à partir de sangliers sauvages, il y a neuf mille ans environ, les cochons montrent une forte capacité innée pour percevoir et considérer leur environnement. Possédant une excellente mémoire à long terme, ils peuvent donner la priorité au plus important de leurs souvenirs. Ils peuvent apprendre à répondre à des instructions à la fois verbales et gestuelles. Et ils adorent jouer – que ce soit en poussant du groin des ballons de plage, en explorant de nouveaux environnements, ou en sautant dans l'eau pour nager, ne serait-ce que pour le pur plaisir de s'amuser –, en bref, en montrant ce genre de caractère naturellement joueur longtemps associé à des animaux plus adaptables, intellectuellement complexes. De même, les vaches, comme vous le diront la plupart des propriétaires de ranch, sont extrêmement sociables, ont des personnalités distinctes, réagissent au stress considérablement comme nous, et peuvent se rappeler les gens et autres créatures qui les ont bien ou durement traitées.

Rares sont ceux d'entre nous qui préconiseraient de se remettre à traiter les animaux avec dureté et insensibilité, comme ce fut parfois le cas autrefois. Mais simultanément, la plupart d'entre nous se sont révélés remarquablement enclins à détourner les yeux et leur cœur du bien-être des animaux qui meurent pour nous fournir notre bacon, nos œufs et notre verre de lait quotidiens.

Cependant, dès le XIIe siècle, Robert Boyle, brillant physicien irlandais, déclarait que la cruauté envers les animaux domestiques était un blasphème contre la création. Un avis partagé par les membres de la colonie de la baie du Massachusetts, en Nouvelle-Angleterre, qui, en 1641, interdirent à leur encontre « *Tirranny or Crueltie* », « tyrannie ou cruauté ». Même dans l'Europe médiévale, alors que peu de pensées étaient accordées au bien-être animal, érudits comme théologiens déconseillaient vivement de faire montre de cruauté envers d'autres créatures, en raison des effets terribles que cela produisait sur le caractère humain. Et comme Charles Darwin nous l'apprit il y a cent cinquante ans : « Tout comme l'homme, les animaux ressentent le plaisir et la douleur, le bonheur et le malheur. »

Voici l'une des discussions les plus inconfortables dans le monde. Les animaux que nous élevons pour les consommer ont une intelligence remarquable. Ces êtres, comme nous, comme les séquoias, les bonobos, les jaguars et les aigles, ne sont pas simplement des choses. Comment réconcilier ce fait avec la tendance spectaculairement en hausse au cours du dernier demi-siècle à les élever dans des conditions durement artificielles – dans ce qu'on appelle communément des parcs d'engraissement intensifs. La nourriture à un prix abordable requerrait-elle de soumettre des créatures intelligentes, sensibles, à des degrés stupéfiants d'ennui, de confinement, et même de souffrance ? Prendre des mesures pour améliorer leurs conditions de vie permettrait-il encore aux familles d'avoir de la nourriture abordable à servir à table ?

Seulement une soixantaine d'années plus tôt, la majorité des fermes aux États-Unis étaient diversifiées. Les fermiers proposaient toute une variété de cultures, et élevaient divers animaux, les premières nourrissant les seconds, avec la plupart des cochons, des vaches, des moutons et des volailles appréciant au moins une modeste dose de vie en plein air, les pattes sur la terre. Mais la Seconde Guerre mondiale entraîna des développements qui n'allaient pas tarder à changer à jamais le domaine de l'agriculture. Le même engrais à base de nitrate d'ammonium synthétique, inventé en Allemagne au début du XXe siècle pour encourager les cultures (et plus tard, pour fabriquer des bombes), était, à la fin de la guerre, systématiquement utilisé aux États-Unis. Cet engrais, ainsi que des graines hybrides, des pesticides et des machines à planter et à récolter de plus en plus performantes, firent augmenter la productivité. En 1970, les cultivateurs de maïs avaient fait augmenter leur production de 500 %. En d'autres termes, il y eut soudain beaucoup de maïs.

Bien plus, en fait – comme davantage d'autres céréales – que ne pouvaient gérer les marchés. C'est ainsi que les céréales devinrent peu chères, adaptées pour nourrir les animaux d'élevage. Cela prépara le terrain pour la croissance exponentielle du confinement de ces bêtes. De nos jours, aux États-Unis, seules quatre grosses sociétés produisent 81 % des vaches destinées à l'alimentation et à la production du lait, 60 % des porcs, 73 % des moutons, et la moitié des poulets. Des centaines de milliers de bovins sont élevés dans des parcs d'engraissement bondés, engraissés avec des céréales, tandis que les veaux destinés à l'alimentation sont souvent enchaînés nouveau-nés dans de minuscules stalles, où, dans certains cas, ils ne peuvent ni se retourner ni s'allonger complètement. Les truies sont parfois confinées dix mois de l'année, ou, si inséminées artificiellement, continuellement leur vie entière, la plupart du temps dans des enclos trop petits pour pouvoir changer de position. Entre-temps, les poules pondeuses passent souvent leur vie dans des « cages en batterie » en fil de fer, d'environ 30 cm par 45 cm, partageant parfois avec d'autres cet espace déjà restreint.

D'un côté, ce passage au confinement intensif a eu d'importantes répercussions sur l'environnement. L'utilisation d'antibiotiques, popularisée dans les années 1950, quand on découvrit que ce type de médicaments faisait prendre du poids aux bovins, se répandit d'autant plus quand les animaux furent entassés dans des parcs d'engraissement, plus vulnérables de ce fait aux infections et aux maladies. La quantité importante d'antibiotiques dans notre eau et nos aliments issus de l'élevage explique en partie que les attaques sur l'homme de bactéries résistantes aux antibios augmentent à une vitesse effrayante. Ne serait-ce qu'aux États-Unis, combattre ce type d'infections coûte à présent plus de deux milliards de dollars par an.

Entre-temps, les rejets agricoles provenant des locaux d'élevage intensif sont la raison majeure expliquant pourquoi quasiment 280 000 km de voies navigables aux États-Unis sont classés comme des « zones mortes », trop polluées pour préserver la faune et la flore aquatiques. L'érosion du sol dans le pays est due, à raison de plus de la moitié, à l'élevage industriel, ainsi qu'à un tiers à la pollution par l'azote et le phosphore de notre eau potable. Pour mettre cette pollution en une sordide perspective, considérez que le lisier provenant des porcheries est soixante-quinze fois plus fort que les eaux usées humaines non épurées.

Puis, évidemment, il y a la question des animaux en soi. La lutte pour instituer des conditions plus humaines dans l'élevage industriel dure à présent depuis bien plus de cinquante ans, engagée à l'origine en 1964, quand Ruth Harrison, au Royaume-Uni, publia *Animal Machines.* Ce que *Printemps silencieux* de Rachel Carson avait fait pour mettre un frein à l'usage des pesticides sur les cultures destinées à l'alimentation aux États-Unis, ce livre le fit pour les animaux d'élevage au Royaume-Uni. Ruth Harrison indiqua deux causes profondes de la souffrance animale dans les exploitations d'élevage de bétail domestique – des changements qui ne firent que terriblement empirer les choses. Premièrement, dit-elle, la relation entre les fermiers individuels et leurs animaux s'était dégradée, ces derniers ne faisant plus partie au quotidien de la vie à la ferme. Et deuxièmement, c'était le changement en les confinant dans d'immenses entrepôts sans fenêtres – dissimulés à la vue de tous.

Dans l'année où *Animal Machines* fut publié, d'éminents biologistes, vétérinaires et scientifiques de la faune s'associèrent pour aider le gouvernement à proposer une réponse. Dans ce qui se révéla être à l'époque un véritable pas de géant, le Royaume-Uni déclara que la santé et le bien-être des animaux d'élevage devaient tenir compte de l'état physique de l'animal, mais aussi de son état mental. En temps et en heure, le gouvernement britannique appuya ce que l'on désigne par « les cinq libertés » – des libertés fondamentales garanties à tous les animaux.

> Ne pas souffrir de la faim ou de la soif.
> Ne pas souffrir d'inconfort – à accomplir en partie en fournissant un environnement approprié comportant des abris et une aire de repos confortable.
> Ne pas souffrir de douleurs, de blessures ou de maladies.
> Pouvoir exprimer les comportements naturels propres à l'espèce – comprenant un environnement approprié aux besoins d'un animal au cours de sa vie, ainsi que le contact avec ses congénères.
> Et finalement, ne pas éprouver de peur ou de détresse.

Bientôt, le prolongement de ces libertés se présenta dans d'autres pays du monde entier.

Notamment, l'application de ces lignes directrices entraîna une augmentation relativement faible du coût pour le consommateur. Cependant, tout le monde ne se fit pas à cette idée. Les États-Unis se montrèrent récalcitrants, principalement envers l'appel pour que soit accordé aux animaux d'élevage un semblant de « comportement normal ». Nombreux furent les défenseurs de leur confinement à grande échelle, en complément de leurs arguments économiques affirmant que de telles pratiques favorisaient en fait le bien-être animal, en réduisant le risque de maladies, et en étant capables de les traiter rapidement.

Là se situe la tension : entre une éthique complètement relationnelle entre espèces, et une éthique conçue en fonction de l'avantage financier pour les hommes.

En remontant en 1997, une équipe d'éminents scientifiques de l'Union européenne étudia les effets de l'utilisation de minuscules stalles de gestation dans l'élevage porcin, où des truies étaient souvent enchaînées par le cou dans des enclos bien trop petits pour pouvoir se retourner. Ils en conclurent que, même dans les meilleures circonstances, les porcs étaient sérieusement mis en danger, montrant tous les signes d'une sévère dépression. En résultat, on mit un terme progressivement à cette pratique. Peu après, une analyse similaire fut faite en Australie, mais cette fois, les chercheurs – motivés par l'argument basé sur l'amélioration de la marchandise/de la santé physique – aboutirent à la conclusion opposée. À ce jour, les États-Unis ignorent généralement l'étude européenne, optant plutôt pour la version australienne. Et l'usage répandu de stalles de gestation continue.

Plus on en apprend sur l'état d'esprit et les émotions des animaux, plus il est manifeste que d'échapper à la maladie et aux prédateurs n'est qu'une petite partie de l'histoire. Soixante-dix ans plus tôt, Harry Harlow, chercheur américain en psychologie comparative, entreprit de rassembler tout un groupe de singes rhésus exempts de maladie. Son projet se rapportait en partie à l'idée que, quand il s'agissait d'évaluer leurs comportements, il serait utile de s'assurer qu'aucune maladie n'altère les résultats. L'idée semblait judicieuse. Pour atteindre son objectif, il retira des petits à leurs mères dès la naissance, pour les mettre chacun dans des cages séparées. Alors qu'ils pouvaient entendre et voir les autres singes dans leurs cages, ils étaient privés de tout contact. Et Harlow avait raison. Côté évaluation des affections et de la maladie, les singes s'en sortirent bien. Cependant, à sa grande horreur, il ne tarda pas à constater qu'ils étaient gravement perturbés émotionnellement.

« Les singes nés au laboratoire restaient assis dans leur cage, le regard fixé dans le vide, nota-t-il, ils tournaient en rond dans leur cage d'une façon répétitive, stéréotypée, se serraient la tête entre les mains ou les bras, et se balançaient sur de longues périodes de temps. » Précisément le type de comportement qu'adoptent les hommes après un sévère traumatisme. Les singes de Harlow semblaient bénéficier d'une excellente santé physique. Néanmoins, ils étaient loin d'éprouver de la joie ou du réconfort, privés de contentement.

« Je pense que nous servir des animaux pour nous nourrir est une chose éthique à faire, dit l'éminente scientifique de la faune, Temple Grandin. Mais il faut le faire comme il faut. Nous devons donner à ces animaux une vie décente et une mort sans souffrance. Nous devons le respect aux animaux. »

Certaines personnes choisissent de consommer un peu moins souvent de viande, d'autres de s'en abstenir totalement. Certains tiennent à acheter de la viande et de la volaille certifiées comme provenant d'animaux élevés plus humainement. C'est bien beau tout ça, mais il nous faut aussi contribuer à procéder à de simples changements raisonnables dans l'élevage industriel – en s'assurant que les millions d'animaux qui, chaque année, donnent leur vie pour nourrir les gens du monde y soient mieux respectés. Et même si les choses s'améliorent, il nous faut comprendre qu'il sera toujours extrêmement tentant de s'arrêter sur des décisions exclusivement basées sur la ligne de résultat.

Incroyablement, en 2017, en débattant sur le règlement financier du Brexit, le gouvernement conservateur britannique remonta au moins jusqu'à quatre cents ans, en déclarant à nouveau que les animaux n'avaient aucune émotion ou aucun sentiment – s'opposant au travail de Ruth Harrison, et des centaines de biologistes et de vétérinaires marchant sur ses pas. Ils procédèrent ensuite au vote contre le transfert sous la loi du Royaume-Uni de la législation de l'Union européenne reconnaissant que les animaux ont une conscience, et peuvent éprouver de la douleur.

En nous réinvestissant dans un plus grand respect et une plus grande compassion envers les animaux d'élevage – et la compassion est vraiment profondément tissée à notre nature –, cela contribuera à remédier à notre séparation ancestrale du reste de la création, qui nous a incités à fermer les yeux face à des souffrances de toutes sortes. En étant bons envers toute créature, à tout moment, nous pourrons retrouver le chemin de notre cœur.

On est en octobre dans les Northern Rockies, mais la chaleur ces derniers temps évoque davantage l'été que l'automne. Mais encore, pour les randonneurs dans le Greater Yellowstone, il suffit de tendre l'oreille vers les collines pour savoir que des changements saisonniers se préparent. Le clairon flûté, perçant, du wapiti mâle, en pleine saison du rut, retentissant en bas de ces collines. À la fin de cette période, les mâles auront dépensé une énergie phénoménale dans leurs efforts pour s'accoupler, ne mangeant parfois que peu, voire pas du tout, en cours de route.

Ce qui est cependant favorable aux grands mâles cet automne, c'est l'hiver substantiel de l'année passée, abondant de neige – une condition qui se produit moins couramment en ces années de changement climatique. Comme d'autres ongulés à la fin du printemps, les wapitis grimpent les pentes des montagnes pour se rendre dans le haut pays, le nez quasiment contre la limite des neiges éternelles en recul, broutant les toutes nouvelles plantes du pâturage, les plus nutritives de l'année. Les années de bonne couverture de neige, un wapiti peut chevaucher jusqu'en août cette « vague verte », comme l'appellent les biologistes. Les années de peu de couches neigeuses, d'un autre côté, cette vague atteint son point culminant plus tôt, souvent à mi-juillet. En raison d'une vague aussi précoce, les wapitis mâles entrent en rut en ayant considérablement moins de force qu'ils n'auraient eue sinon.

Les loups, par nature, sont toujours très attentifs. Ils ont compris que lorsqu'un rut se produit les années où il y a peu de neige en hiver et au printemps, à la fin de celui-ci, les wapitis mâles sont radicalement plus épuisés. En d'autres termes, les puissants animaux qui seraient normalement pour les loups des proies extrêmement redoutables, trop risquées pour même tenter de les prendre, pourraient être vulnérables. Mais probablement pas cette année. Cette année, parce que les wapitis mâles ont été bien nourris par la végétation arrosée par la fonte des neiges, leur force demeurera essentiellement intacte. Aussi vigoureuse que l'hiver en soi.

Vous ne pouvez pas passer beaucoup de temps dans le cœur sauvage de Yellowstone – surnommé le Serengeti américain – sans remarquer le génie unique des animaux qui l'ont choisi pour habitat. Des animaux pas seulement motivés en fonction de l'évolution qui les a brillamment adaptés à leur environnement, mais par les choix conscients qu'ils font à tout moment. Dans le monde des loups, le prédateur, comme sa proie, évalue constamment le danger. Pour le wapiti, cela signifie observer une meute de loups à proximité pour déterminer si elle ne fait que passer, ou si l'un ou l'autre de ses membres a adopté les postures physiques particulières indiquant le mode de chasse. Les loups, pour leur part, s'ils chassent, en fait, commenceront par inciter les wapitis à déguerpir. En observant comment le troupeau évolue, ils seront en mesure de remarquer si l'un d'eux semble vulnérable. Peut-être par sa respiration pénible – parfois un signe de pneumonie. Ou par une boiterie en mouvement. Si aucun des wapitis ne ralentit ou ne chancelle, les loups reprennent souvent la route, s'épargnant ainsi le risque accru d'être frappés – d'avoir les os brisés ou même de se faire tuer –, ce qui pourrait fort bien arriver en essayant de faire tomber un animal en bonne santé.

Et, pendant tout ce temps, le corbeau les survole, observant le drame du ciel. Lui et les meutes de loups ont leur propre genre de synchronie – le corbeau indiquant en fait aux loups la voie vers les troupeaux de wapitis, en toute conscience que s'ils parviennent à prendre une proie, il pourra s'en nourrir lui aussi. Le corbeau, voyez-vous, est incapable de percer la carcasse d'un wapiti avec son bec, ce que les loups font pour lui. Ces derniers sont nourris, et le corbeau aussi. D'ailleurs, les coyotes dans les contreforts boisés gardent un œil sur les corbeaux également, probablement occupés à réfléchir à un plan malin pour essayer de se nourrir de tout reste, en évitant de se faire battre à plate couture par les loups.

Quand un wapiti est pris par les loups – ce qui ne se produit que lors d'une tentative sur cinq –, le troupeau de wapitis pourrait bien gagner en force. En effet, dans les années à venir, il est probable que les loups se révèlent être un puissant agent de contrôle face aux incidences en augmentation de maladie du dépérissement chronique. Cette maladie neurologique touchant les wapitis et les cervidés, se transmettant rapidement d'un animal à l'autre, finit par tuer en attaquant le cerveau et le système nerveux. En l'occurrence, l'un de ses premiers symptômes est une profonde léthargie. Et cette léthargie signifie que les animaux infectés seront probablement les premiers à être choisis par les loups comme proies ne posant aucun danger.

Dans sept mois, il y aura ici en abondance de nouvelles vies. Les veaux des bisons bondissant en tous sens comme s'ils avaient des bâtons sauteurs en guise de pattes, jouant, encerclés à tout moment par les adultes, qui assurent ainsi leur protection. Et les veaux des wapitis, également, trottant, à peine quelques jours après leur naissance, avec leurs mères et le reste du troupeau. Les ours seront sortis de leur tanière, se promenant tranquillement dans le secteur, reniflant l'air pour repérer à l'odeur les carcasses des wapitis ou des cervidés qui périrent l'hiver passé. Et aussi paressant, ce pour quoi les ours sont très doués, s'étirant et ronflant dans l'ombre profonde de leur lit de jour, attendant que la chaleur de l'après-midi se dissipe.

Tous, comme nous, faisant de leur mieux pour subvenir à leurs besoins, traversant les circonstances sauvages, souvent incertaines, qui les incitent à avancer dans l'existence.

Afin d'intégrer la dignité des animaux à la façon dont nous agissons dans le monde, cela signifie d'étendre notre dévouement au-delà de la famille et des amis, du voisinage et du pays, et même de notre prochain, afin d'établir un nouveau mode de loyauté envers tous les êtres vivants. Une loyauté – en honorant vraiment l'enseignement de la nature relatif à l'interdépendance – qui consiste moins à sauver n'importe quelle espèce, qu'à nous sauver tous.

Et aussi extraordinaire que cela puisse paraître, les loups – comme les éléphants, les dauphins, les baleines et les corbeaux, sans oublier les vaches et les cochons – peuvent nous indiquer la voie.

6

SIXIÈME ENSEIGNEMENT

Nous vivons sur une planète abondant d'une énergie inestimable, cependant, la vie n'en perd pas une goutte

---

Chaque aspect de notre vie est, en un sens,
un vote pour le type de monde
où nous voulons vivre.

Frances Moore Lappé

Il y a quelques années, Oliver Morton, écrivain scientifique britannique, inventa un moyen fascinant de nous donner à réfléchir et nous aider à mieux imaginer la quantité époustouflante d'énergie contenue dans la lumière du soleil qui se déverse sur Terre. Il compare cette énergie solaire à une rivière – et plus particulièrement, à une chute d'eau. Tout d'abord, il nous demande de visualiser mentalement les chutes du Niagara. Puis, de multiplier par vingt la hauteur de ces chutes. Cela augmenterait les 54 mètres de verticalité des chutes Horseshoe à 1 080 mètres, presque trois fois plus hautes que l'Empire State Building. Morton nous dit ensuite d'imaginer l'écoulement des chutes multiplié par dix, ce qui, du mieux que je puisse me le figurer, équivaudrait à plus de deux fois le volume que déverse par seconde le fleuve Mississippi dans le golfe du Mexique.

Mais nous n'en sommes pas moins encore loin de l'énergie apportée par le soleil. Alors, Morton nous invite à élargir les chutes. Considérablement. Jusqu'à ce que la cascade s'étire tout autour de l'équateur. On arrive finalement à une gigantesque chute d'eau, trois fois plus haute que l'Empire State Building, encerclant la planète à sa ligne médiane, déversant chaque seconde par-dessus son rebord des milliards et des milliards de tonnes d'eau.

Il s'agit là d'une quantité stupéfiante d'énergie. En d'autres termes, plus d'énergie provient du soleil en juste une heure et demie, comparée à toute l'énergie provenant de toute source consommée par les hommes sur une année entière.

Étant donné que toute la vie sur la planète est directement ou indirectement générée par cette lumière solaire, il pourrait sembler étrange d'apprendre que la nature met considérablement l'accent sur l'efficacité. Pourquoi l'efficacité serait-elle nécessaire avec une telle abondance ? Cependant, chaque feuille sur chaque arbre est réglée au niveau subatomique pour récupérer autant de lumière que possible par chaque pore. Chaque créature, entre-temps, est pleine d'aisance de mouvement et d'un tourbillon de fonctions physiologiques, faisant montre d'une efficacité qu'envient depuis longtemps les physiciens, les architectes et les ingénieurs concepteurs. En effet, en majeure partie, la technologie de pointe à l'heure actuelle correspond à la tentative de répliquer l'efficacité biologique, que l'on parle des trains à grande vitesse, des vaccins, des filtres à eau ou des parcs éoliens.

Il se trouve que la nature aime l'efficacité, car les êtres vivants ne peuvent consommer autant d'énergie qu'ils ont à disposition. De plus, dès qu'une forme de vie s'approvisionne en carburant – que ce soit directement du soleil, comme un brin d'herbe, ou indirectement, comme quand l'impala mange l'herbe, ou le lion mange l'impala –, une énergie considérable est nécessaire pour que cela se transforme en quelque chose d'utilisable. Alors, oui, nous vivons sur une planète possédant une source d'énergie intarissable. Mais du point de vue biologique, chaque être vivant est destiné à résoudre une énigme, où le but du jeu consiste à faire le meilleur usage de la nutrition essentielle qu'offre la lumière du soleil, sans en perdre une goutte. Au sens le plus élémentaire, le but de la vie est de favoriser la fluidité continue d'encore plus de vies – se déployant en autant d'arbres, de papillons, de roses sauvages que le permettra l'écosystème. Cela requiert de l'efficacité, et ces espèces qui s'y révèlent les plus douées vivent plus longtemps, et beaucoup mieux.

Jack Gladstone, un musicien indien pied-noir nommé pour un Grammy Awards qui vit au bord du parc national de Glacier (Glacier National Park), le formule de façon intéressante. Il dit que, dans la musique, il se concentre vraiment sur ce qui motive tout ce qui vit. Chaque espèce. Chaque écosystème. « Cela se résume à trois choses, dit-il, l'harmonie, l'équilibre et le rythme. » Celui qui les maîtrisera, quel qu'il soit, aura une vie réussie.

Un intéressant concept. Tout dans la nature tourne en réalité autour de ces trois qualités, et chacune d'elles peut être comprise en matière d'énergie. L'harmonie, par exemple, peut être interprétée comme ne pas résister à ce qui se passe à un moment donné, mais plutôt de s'y ajuster pour prendre les choses comme elles viennent. Un canard en migration pris dans un féroce vent contraire, au lieu de persister et de s'épuiser, pourrait atterrir et attendre des conditions plus favorables. La deuxième qualité, l'équilibre, peut être interprétée comme s'efforcer de trouver un équilibre entre l'énergie qui entre et celle qui sort. Ce canard s'arrêtera et fera le plein de céréales bien avant que son corps ait commencé à fragmenter des cellules musculaires, afin de s'alimenter en carburant, en prévision de l'effort physique à fournir en vol. Et pour finir, il y a le rythme, comprenant les cycles quotidiens, saisonniers, et même sur la durée de vie, qui nous dirigent tous – en produisant des rythmes en alternance, d'activité intense puis de retour au calme. Un ours, face à un temps froid, neigeux, et, par conséquent, à la pénurie de nourriture facilement disponible, rampera dans sa tanière, son métabolisme baissera d'une infime fraction, et il s'endormira jusqu'aux premiers signes du printemps.

Où que l'on regarde, on constate que la nature se sert de l'harmonie, de l'équilibre et du rythme – l'infrastructure artistique de la préservation. Prenez, par exemple, l'humble paresseux au doux visage. Il ne s'intéresse qu'aux feuilles, ce qui n'a rien de surprenant pour une créature vivant dans les arbres. Maintenant, au premier regard, les feuilles sembleraient être le plat du jour idéal. Après tout, dans une vaste partie du monde, on en trouve tellement à profusion, simplement suspendues là pour qu'on se serve. Mais il y a un hic. En fait, il y en a même deux. Tout d'abord, les feuilles ne sont pas si faciles à digérer. De surcroît, elles tendent à ne pas toutes avoir autant de valeur nutritive que ça. En vérité, il est carrément difficile d'en extraire les calories dont a besoin un mammifère pour circuler dans le monde en ne s'alimentant que de feuilles. Même au rythme lent d'un paresseux.

Le ratio optimal de la feuille au mouvement est précisément l'énigme que les paresseux à deux comme à trois doigts d'Amérique centrale et du Sud ont entrepris de résoudre de nombreux millions d'années plus tôt. Ces deux espèces – se distinguant en fonction, en effet, de leurs doigts – entreprirent en fait séparément leurs investigations, venant de lignées familiales complètement indépendantes, et vivant dans des communautés n'ayant aucun contact entre elles.

Chacune vivait à proximité d'une abondance de nourriture, des feuilles absolument partout, mais encore, le peu d'apport nutritionnel posait un problème. Que faire? Une chose qui fonctionna très bien pour les deux espèces, ce fut la formation parfaite d'une paire de pieds permettant de se suspendre à l'envers aux branches des arbres, ainsi entourés de nourriture. Et au cœur même de cette seule adaptation, il y avait un clin d'œil appuyé de l'évolution en ce qui concerne la préservation de l'énergie. Se suspendre ainsi à l'envers réduit considérablement la consommation de calories, comparé à ce qui serait nécessaire si vous passiez votre journée en équilibre sur ou entre les branches. Les deux types de paresseux perfectionnèrent également de petites omoplates et de longs bras, conception leur permettant de rester suspendus au même endroit sur des périodes prolongées, tout en restant facilement à portée de la prochaine bouchée.

Ils font aussi baisser leur température corporelle, ce qui fait chuter radicalement leurs besoins caloriques. Alors que la plupart des mammifères, dont les êtres humains, gardent leurs entrailles aux alentours de trente-sept degrés, ce qui varie peu, à moins qu'ils soient malades, les paresseux s'ajustent sur demande, pouvant changer de température corporelle selon un éventail de vingt-trois à trente-trois degrés environ.

Si vous pensez que l'extrémité inférieure de cet éventail pourrait refroidir une créature, vous n'avez pas tort. La raison même pour laquelle les paresseux vivent dans les jungles tropicales, mais passent aussi pas mal de temps à se réchauffer en plein soleil à la cime des arbres. À l'heure de la sieste, ils se pelotonnent bien serrés dans les fourches des branches pour que la chaleur de leur corps se remette à circuler – encore une autre action qui permet de conserver les calories.

Et les paresseux ont trouvé des moyens encore plus stupéfiants de conserver l'énergie. Comme en « sous-louant » leur fourrure. Leur pelage à poils courts est l'habitat d'une diversité de petits organismes, des coléoptères aux phalènes, et aux « algues bleu-vert », des cyanobactéries. Celles-ci prospèrent particulièrement dans l'humidité retenue par les poils des paresseux, à un point tel qu'au cours de la saison des pluies, ils peuvent prendre une nuance de vert plutôt jolie. D'un côté, c'est très pratique pour se cacher dans les arbres des prédateurs potentiels. Mais pour en revenir à notre sujet, chaque fois qu'un paresseux lèche sa fourrure, il ingère un peu de ces algues, ce qui lui apporte un peu plus de carburant.

Finalement, il y a ce célèbre mouvement au ralenti – et c'est vrai, les paresseux ne font vraiment rien rapidement –, encore un autre moyen d'économiser énormément d'énergie. Même la digestion du paresseux ne procède que le plus lentement possible. Un grand repas peut ainsi prendre tout un mois pour être acheminé par le système digestif de l'animal ; les selles en résultant – ce qui ne se produit qu'une fois par semaine environ – peuvent lui faire perdre plus de 30 % de son poids.

Le fin mot de l'histoire, c'est que les paresseux peuvent donner l'impression d'être terriblement flemmards. Mais en réalité, ce sont des magiciens de l'efficacité énergétique, s'étant présentés avec un tissage unique en son genre d'équilibre, de rythme et d'harmonie. Ce qui leur a permis de survivre longtemps après que leurs cousins éloignés, les paresseux géants, ou paresseux terrestres de Jefferson, aient disparu de la surface de la Terre.

En ce moment même, il y aurait sur Terre environ soixante mille mammifères, oiseaux, reptiles et poissons, et plus de trois cent mille espèces de plantes. Tous ont survécu en se construisant des vies d'une efficacité inouïe. Les oiseaux volent, les lions courent, les abeilles font du miel, les fleurs se déploient, les pommes mûrissent, les poissons nagent, les arbres se dressent vers le ciel – tout cela avec des dépenses d'énergie réduites au niveau subatomique. C'est aussi ce que fait votre corps. Chacune de vos cellules se présente avec un moyen génial de brûler le sucre issu de vos aliments – en procédant petit à petit. À chacune de ces étapes minimes, un peu d'énergie est libérée, dont une partie est ensuite entreposée dans des molécules porteuses particulières, disponible pour un usage ultérieur. Techniquement, si tout ce sucre était brûlé d'un coup, la même quantité d'énergie serait produite. Mais l'énergie arrivant aussi soudainement serait en réalité bien plus que ce dont pourraient faire usage vos cellules. Ce qui signifie qu'une grande partie serait gâchée ; perdue – comme l'est finalement toute énergie – sous forme de chaleur. Cela s'apparente à un individu essayant de se garder au chaud toute une nuit près d'un feu de camp. Il s'en tirera mieux en l'alimentant en bûches au fur et à mesure, plutôt qu'en balançant toute la pile de bois dans les flammes.

Alors qu'y a-t-il à l'opposé d'un paresseux – une créature comme, disons, un colibri ? Un être qui file de-ci de-là comme la flèche, les ailes floutées bruissant à raison d'à peu près cinquante battements par seconde ? Il est manifeste que la stratégie de cet oiseau consiste en partie à manger considérablement – vraiment énormément – en ingérant l'équivalent de deux, voire trois fois son poids, chaque jour qui passe. En fait, si vous projetiez la taille du corps d'un colibri sur le vôtre, en tant qu'être humain, vous consommeriez ce super aliment appelé « nectar » à hauteur de 150 000 calories par jour, ce qui est énorme – à peu près soixante-quinze fois le nombre nécessaire pour entretenir votre forme humaine.

À part la stratégie du colibri consistant à manger considérablement, beaucoup d'efficacité entre en jeu. D'abord, ces petits oiseaux de toute beauté ont réduit leur poids au minimum absolu. Pour alléger les chargements qu'ils doivent trimballer de fleur en fleur, ils se sont débarrassés des plumes duveteuses généralement utiles à la plupart des oiseaux pour rester au chaud. Au lieu de cela, ils sont capables d'entrer à volonté dans un état de torpeur extrême, surtout la nuit, ce qui fait baisser la température de leur corps de presque dix degrés, et chuter leur rythme cardiaque de cinq cents battements par minute en vol à cinquante, ce qui est, dans un cas comme dans l'autre, stupéfiant. Lors de ces moments de repos, leur respiration s'arrête quasiment.

Puis il y a ces créatures qui jouent le jeu de l'énergie en modifiant leur habitat. Les abeilles, par exemple, ont adopté une géométrie complexe pour construire leurs ruches. En fait, elles ont maîtrisé le plan d'entreposage le plus efficace connu de l'homme. De minuscules boules de cire sécrétée par les ouvrières sont façonnées en coopération en ces hexagones légèrement renflés des rayons de miel. Même les anciens Grecs jugeaient brillante cette conception, bien qu'il fallût deux mille ans avant que Thomas Hales, mathématicien à l'université du Michigan, dans une épreuve de mathématiques de 250 pages, démontre que les conceptions hexagonales des abeilles établissaient la limite inférieure absolue de cette géométrie architecturale – utilisant la zone la plus minime de surface pour une zone d'entreposage maximum. Toute autre conception géométrique – disons basée sur des triangles ou des carrés – requerrait à la fois plus d'espace pour la même capacité d'entreposage, et plus d'énergie pour produire le matériau cireux de construction.

Dans ces pages, nous avons enquêté sur ce qui fait fonctionner en réalité la nature – comment elle prospère, ce qui la rend résiliente, et ce que pourraient nous indiquer ces processus et conceptions naturels ingénieux par rapport aux choix que nous faisons pour améliorer notre propre vie. À cet égard, l'accentuation portée par la nature sur l'efficacité peut se révéler une excellente source d'enseignements.

Cent années plus tôt, Ervin Bauer, brillant biologiste hongrois, répertoria trois conditions fondamentales nécessaires à la vie. L'une d'elles était que chaque créature ait la capacité d'utiliser l'énergie libre qu'elle contient pour bouger, penser ou continuer à se développer – essentiellement, comme il l'exprime, pour « *do work* ». Il va sans dire que cela ne se vérifie pas dans le monde non vivant, où, d'un point de vue énergétique, les choses « se comportent » plus simplement. Elles respectent ces lois fondamentales de la physique que l'on vous a apprises à l'école, formulées à l'origine par Isaac Newton – comme le fait qu'un objet restera à l'arrêt ou dans un état de mouvement uniforme, à moins de rencontrer une force externe. De surcroît, que pour chaque action, il y a une réaction égale et opposée. Une balle de base-ball provient de la puissante batte du batteur, et en fonction de la vitesse de la batte et de la balle, ainsi que de l'angle de chacune, elle est propulsée vers le mur au fond du stade suivant une trajectoire très prévisible, pour venir s'arrêter, son énergie dépensée, peut-être dans le gant de base-ball d'un supporter enthousiaste. Fin de l'histoire.

Mais les êtres vivants sont différents. Nous investissons continuellement de l'énergie pour en produire davantage. La vie, quand on y réfléchit, consiste vraiment à créer davantage de vie. Mais encore, l'efficacité ne manque pas quand il s'agit d'effectuer cette tâche. Il y a peut-être quelque chose que nous pouvons appliquer à notre façon de penser, aux décisions que nous prenons, à la façon dont nous vivons notre vie.

Et si nous articulions l'idée que les pensées influent sur notre bien-être autour de la question de savoir si ces pensées sont un bon usage de l'énergie ? Nous savons déjà que le raisonnement provoque des réactions au niveau moléculaire. Après tout, vous *souhaitez ardemment* que votre corps fasse chaque jour des centaines de choses : vous décidez de sortir du lit le matin, et voulez que votre corps le fasse. Vous levez la main pour saluer un ami, ou vous vous penchez pour gratter votre chien derrière les oreilles. Mais même des pensées plus vaines – celles sans objectif d'ordre physique – déclencheront probablement des réactions au niveau cellulaire, pouvant refléter du calme ou de l'agitation. Une pensée peut soit mener à une expression de l'énergie tranquille, efficace, soit à quelque chose de plus chaotique, d'inefficace.

Il a été démontré encore et encore que les contemplations positives, joyeuses, favorisent une meilleure santé.

Et une bonne santé – un corps et un mental équilibrés – reflète en effet une sorte d'efficacité. Simultanément, la colère et la frustration persistantes, des pensées qui s'attardent, contraires à nos notions de qui nous sommes et ce dont nous avons besoin, peuvent nous mettre en péril. La neuroscience moderne suggère que nous avons un rôle important dans la création de la réalité – qu'une grande partie de ce que nous pensons de ce qui se passe dans le monde extérieur est, en fait, vraiment au sujet de ce qui se passe en nous. Cette même neuroscience nous dit qu'il est possible de changer les habitudes de pensée établies, de les changer à presque tout moment dans la vie, que l'on soit plus ou moins jeune. Et si nous considérions l'amour que la nature a pour l'efficacité, ce défaut qu'elle a de minimiser l'effort, comme une incitation pour essayer de vivre avec moins de difficultés mentales, afin de créer une vie plus vibrante en usant avec sagesse de notre énergie mentale ?

Au cours d'une vie, et en commençant souvent tôt à l'enfance, nous pouvons nous causer des anxiétés qui consument beaucoup d'énergie, sans nous rapprocher plus près de l'objet de notre quête. Trop souvent, nous faisons nous-mêmes obstacle à notre aptitude à nous reposer sur notre nature plus profonde. Comme en entretenant ce genre d'inquiétudes : suis-je assez mince ? Suis-je assez séduisant•e ? Assez intelligent•e ? Est-ce qu'on pense que j'ai réussi ? Approuvera-t-on la personne que j'aime ? Tout le monde connaît ces préoccupations. Mais en s'attardant trop longtemps sur ces cogitations, en y consacrant trop d'énergie, on finit par ne plus arriver à s'en dépêtrer. On se prive de son propre pouvoir, en laissant libre cours à un degré d'inquiétude qui, finalement, pourrait nous refuser, ainsi qu'à nos amis, à notre famille, et même au monde en général, les véritables dons que l'on a à partager.

Quand Albert Einstein interrompait intentionnellement son système logique dans les bois de Princeton, quand

Walt Whitman se rendait dans cette forêt du New Jersey pour s'ouvrir à toute guérison physique et mentale qui pourrait s'y produire, il se pourrait bien qu'ils aient ainsi incité des réactions biochimiques qui leur permirent d'arriver, tout du moins en partie, à ce qu'ils cherchaient précisément. Comme s'ils étaient engagés dans une sorte de « feng shui interne », une version adaptée au mental de l'ancienne pratique chinoise qui permet d'équilibrer les énergies dans un espace physique, dont on dit qu'elles relient l'humanité au monde naturel plus vaste. Un moyen important pour que nous, les hommes, puissions faire aussi bien que la nature, c'est en recourant moins à notre raisonnement compulsif, pour réprimer notre inclination à contempler le problème et à prévoir chaque solution. Au lieu de succomber à ces frénésies intérieures qui interfèrent avec ce que nous cherchons réellement, nous pouvons retrouver notre naturel, en imitant ces parties du monde de la nature où règnent calme et tranquillité.

Ce pourrait être l'un des plus grands bienfaits de la nature – en nous permettant de nous élever au-dessus de la mêlée intérieure, et ainsi d'accéder plus facilement au profond sentiment d'être alignés sur le vaste monde, en dépassant notre ego. La D^re^ Frances Ming Kuo, biologiste à l'université de l'Illinois, a dit dernièrement de l'éventail de résultats en matière de santé, relativement à la nature, qu'ils étaient « surprenants », en mettant l'accent sur une liste comprenant « dépression et troubles de l'anxiété, diabète sucré, troubles du déficit de l'attention avec ou sans hyperactivité, diverses maladies infectieuses, cancer, rétablissement après interventions chirurgicales, obésité, problèmes à l'accouchement, maladies cardiovasculaires, affections musculosquelettiques, migraines, maladies respiratoires, entre autres. »

On a aussi démontré que la nature est un ingrédient fondamental de ce qu'on désigne par la restauration de l'attention. Par le biais de ce que les psychologues appellent la « fascination douce », le temps passé dans la nature a pour effet d'atténuer la fatigue due à ces longues périodes d'attention focalisée si courantes dans notre vie quotidienne, nous permettant ce qui équivaut à un redémarrage mental et émotionnel, et de reprendre des tâches nécessitant une attention dirigée, sans la fatigue précédente.

L'effet de la nature pour remobiliser l'attention a été soutenu par ailleurs par les recherches empiriques sur le trouble du déficit de l'attention. Des années plus tôt, en écrivant sur un groupe d'ados en difficulté dans un programme thérapeutique en pleine nature, basé sur l'empathie, je fus étonné en constatant les effets de la nature sur des gamins atteints sévèrement du trouble du déficit de l'attention avec hyperactivité (TDAH). Ces jeunes, qui, à l'arrivée, parvenaient à peine à se concentrer ne serait-ce que deux minutes pour s'engager dans une conversation, furent en l'espace de deux semaines capables d'acquérir assez de concentration pour accomplir des tâches complexes, comme allumer des feux sans allumettes – souvent durant des heures d'affilée – et, plus important encore, apprendre ensuite cette technique aux autres, ce qui requérait souvent une patience extraordinaire. Un certain nombre d'entre eux, sous la tutelle du thérapeute qui les supervisait, arrêtèrent complètement de prendre de la Ritaline, même en ayant suivi ce traitement la plupart du temps les dix dernières années. Certains ne le reprirent pas une fois rentrés chez eux. Une fille indiqua que c'était parce qu'elle avait encore des souvenirs forts du calme profond qu'elle avait ressenti dans la nature.

Entre-temps, à l'université de Stanford, aux États-Unis, des chercheurs ont documenté les changements constatés dans l'activité cérébrale chez des personnes qui marchent dans la nature, et des promeneurs, sur la même durée, dans des rues animées en ville. Ils étudiaient plus particulièrement l'activité neuronale dans la zone du cerveau qui a tendance à ruminer, concentrée sur les inquiétudes et les émotions négatives – une région du cortex préfrontal appelée le cortex ventromédian. Dans la nature, cette rumination est considérablement atténuée. Le monde naturel nous aide à réguler des émotions tenaces, ce qui atténue à son tour notre anxiété.

Ces bienfaits peuvent durer des jours à des semaines, mais il vaut la peine de noter qu'ils semblent s'accroître. En d'autres termes, plus nous nous tournons vers la nature au cours de notre vie, plus les effets positifs seront durables et profonds.

La beauté et le mystère qui nous accueillent à bras ouverts dans le monde naturel, ce réseau de relations activé tout autour de nous, nous encouragent en quelque sorte à développer davantage notre présence d'esprit – ce sentiment que rien de réel ne se produit jamais, à part ce qui se déroule en ce moment même. Il s'agit d'une notion fondamentale pour de nombreuses pratiques de méditation – qu'à tout moment, rien ne pourrait être autre que ce qu'il est ; et il s'avère que cette notion est beaucoup plus facile à retenir, à assimiler, dehors dans l'herbe, au soleil et sous les arbres.

L'efficacité mentale, pour nous, les êtres humains, pourrait ressembler à quelque chose comme ça : acceptez ce qui se passe, parce que c'est ce qui se passe. Agissez en fonction de ce que requiert la situation, quelle qu'elle soit, et si une action quelconque est d'ailleurs nécessaire. Si vous passez à l'action, ne gaspillez pas votre énergie mentale et émotionnelle à vous remettre en question, ou à trop vous attacher au résultat. Et finalement, essayez de prendre à cœur une idée qui circule depuis bien plus de deux mille ans, qui suggère que prendre soin de soi aux niveaux les plus profonds signifie d'être reconnaissant d'avoir déjà tout ce qui est nécessaire. D'après ce que l'on peut en dire, chacune de ces perspectives fondamentales pourrait s'enraciner en vous, et se développer plus rapidement, alimentée et irriguée par le monde naturel.

La prochaine fois que vous en aurez l'occasion, peut-être vers la mi-novembre, tournez le regard vers le ciel pour voir si vous parvenez à repérer le spectacle ne datant pas d'hier des oies sauvages volant à tire-d'aile vers le sud – traversant le ciel juste avant la gifle froide de l'hiver. Vous les entendrez probablement avant de les voir, maintenant leur vitesse aux alentours de 65, 80, voire 95 km/h. Elles ne pourraient être qu'à moins d'une centaine de mètres en altitude – ou peut-être à plusieurs centaines au-dessus de vous, points minuscules survolant un patchwork d'herbes brunes, de champs embroussaillés, de branches d'érables, de frênes et de chênes tout juste dénudées.

Si vous pouviez en quelque sorte vous élever dans le ciel et vous joindre à ces oies, l'une des choses que vous remarqueriez immédiatement, c'est que l'oiseau qui les conduit est engagé dans une danse délicate propice à l'ajustement de son corps, minimisant toujours l'énergie qu'il investit en se penchant de côté, en dedans et en dehors des courants aériens, même des plus subtils. Et si votre jour de vol se passe dans les hauts pays – par exemple, au-dessus des montagnes Blanches dans l'État du New Hampshire, des Adirondacks, des Rocheuses ou des Sierras –, vous verriez aussi dans la volée une sorte d'alternance de hauts et de bas de toute beauté, lors de ses manœuvres sur le terrain. Chaque fois que c'est possible, les oiseaux descendent plus bas vers les vallées, profitant de la densité de l'air plus élevée à basse altitude, ce qui leur permet de récupérer davantage d'air à chaque battement d'ailes. Cela signifie qu'ils utilisent moins d'énergie. Puis, le moment venu, ils s'élèvent ensemble pour traverser la ligne de partage des eaux dans les hauteurs. Et alors, se produit le comportement que vous avez probablement remarqué du sol des dizaines de fois – ce que l'on appelle « un phénomène d'aspiration », qui se produit dans cette formation familière en V adoptée par les oiseaux du monde entier. L'aspiration permet à ceux qui suivent de bénéficier du « tourbillon aérodynamique », évitant non seulement les vents de face, mais gagnant aussi en portance grâce aux oiseaux situés devant. D'un côté, il s'agit de voler juste au bon endroit. Mais également, de battre des ailes juste au bon moment. Si vous étiez là-haut, tout près des oiseaux, vous ne pourriez que constater que leur technique est magnifiquement perfectionnée, parfaitement réglée. À tel point que les chercheurs estiment que le phénomène d'aspiration permet aux oies de voler environ 70 % plus loin qu'elles ne pourraient le faire si elles voyagaient seules. Chaque oie prend la tête de la volée à peu près sur une même durée, avant de passer le reste de la journée à être ainsi aspirée derrière les autres – en faisant une rotation de la tête au dos, puis en remontant la volée, un oiseau après l'autre.

Cette danse aviaire est accomplie en partie grâce à un flux régulier de communication – ce cacardement rauque que l'on entend –, y compris des contrôles de routine entre les chefs et ceux à l'arrière de la volée, pour suivre comment va tout le monde. Si l'une des oies commence à avoir des difficultés – ou, disons, se retrouve blessée pendant la saison de la chasse –, généralement, deux de ses congénères se dissocieront de la formation avec elle, la suivront au sol et resteront là jusqu'au rétablissement, ou jusqu'à la mort de leur compagne.

Ce que nous, les hommes, avons appris de ces oies sauvages, nous nous en sommes en partie inspirés et l'avons mis en pratique, on ne peut plus littéralement. C'est ainsi qu'à la Première Guerre mondiale, des pilotes de l'armée reprenaient dans leur formation le motif même des oies en vol, mettant à profit le tourbillon aérodynamique, quasiment pour les mêmes raisons que ces oiseaux : pour gagner en altitude, atténuer l'effet des vents contraires, réduire au minimum la dépense d'énergie nécessaire pour circuler, et garder visuellement le contact entre chaque avion en cas de problème.

Nous avons reçu des enseignements similaires, d'entre toutes les créatures, des bancs de poissons. Et notamment, de la magnifique ondulation enchanteresse de grands groupes d'entre eux se déplaçant en masse, les poissons de queue gardant parfaitement, sans effort, le rythme avec ceux de tête. L'intérêt de cette danse sous-marine va bien au-delà de son aspect esthétique. Un seul poisson se propulse en tortillant son corps, produisant ainsi de petits remous, ou des tourbillons. Les poissons à l'arrière enroulent leur corps dans ces turbulences de l'eau, et ce faisant, sont ainsi entraînés à suivre le mouvement. Ayant appris de cette facette particulière de la nature, une équipe d'étudiants de l'Institut de technologie de Californie décida d'assembler des éoliennes verticales en groupes étroitement serrés, en s'inspirant des bancs de poissons. Ce peu de biomimétisme, comme le fait observer la biologiste Janine Benyus, résulta en une augmentation phénoménale, décuplée, de la production d'énergie éolienne.

C'est exaltant d'imaginer ce que serait de vivre dans un monde où les familles, les lieux de travail, les villes et les nations seraient plus pleinement en accord avec l'idée de vivre avec efficacité, en ne prenant que ce qui est nécessaire. Pour participer profondément à ce que Lao-Tseu, le grand philosophe chinois, fit observer au sujet du monde naturel, et que je cite : « C'est la voie du ciel [et de la nature] de prendre ce qui est en excès pour combler ce qui est en manque. »

En gardant ces idées à l'esprit, les cultures autour du monde se sont investies, sans doute depuis l'époque préhistorique, dans ce que de nombreux peuples indigènes appellent de nos jours un « *giveaway* » ou un « cadeau ». Si vous assistez à un mariage traditionnel, à une cérémonie de baptême ou de funérailles chez les Amérindiens, il est probable qu'un cadeau fera partie de l'événement. Dans de nombreuses tribus, une couverture est étendue, couverte de cadeaux emballés de toutes sortes, et chacun est invité à venir se servir. Souvent, les anciens se présentent en premier, suivis des hommes d'âge moyen, des femmes, des petits enfants, des enfants plus grands, et finalement, des hommes qui restent.

L'énergie fondamentale derrière ce cadeau, exprimée ouvertement, est la gratitude pour la vie qui nous a donné tout ce dont nous avons besoin : l'eau, l'air, la nourriture, un abri, la chaleur, une communauté, et la beauté. Cette gratitude, à son tour, est une puissante instigatrice de l'éthique disant que ce que nous accumulons au-delà de l'essentiel devrait être partagé avec ceux dans le besoin. Grâce aux personnes qui donnent aux nécessiteux, le système demeure aussi diversifié qu'« énergétiquement équilibré », et il est donc mieux à même de prospérer. Les nécessiteux d'aujourd'hui pourraient bien être, après tout, les donneurs de demain.

Curieusement, la D[re] Mary M. Clare, une experte en sciences sociales qui a passé des dizaines d'années à étudier et à défendre la santé communautaire, a découvert que les groupes plus enclins à s'investir dans ce « partage naturel » sont ceux qui en ont le moins : les sans-abri. Les ouvriers agricoles vivant dans des camps de migrants. « C'est dans ces communautés, fait-elle observer, que l'on trouve souvent la plus grande générosité. » En toute apparence, les êtres humains ont une inclination naturelle à servir les intérêts de tous en nourrissant le bien-être de tout un chacun. On peut concevoir que ce type de générosité est d'une profonde efficacité. Cela bénéficie à l'ensemble de la communauté, en gardant ceux qui possèdent le plus en relation avec ceux qui possèdent le moins, soudant et renforçant ainsi profondément la communauté.

Nous touchons au pouvoir de ce système de partage lorsque ceux d'entre nous qui ont en abondance nourrissent ceux qui ont faim, ou contribuent à loger les sans-abri, lorsque nous donnons à un ami ou à un inconnu un coup de main en des temps difficiles. Lorsque nous offrons en cadeau notre temps et nos talents, sans contrepartie. Chaque jour apporte une occasion de se refréner d'estimer la valeur de quelqu'un en fonction de sa capacité à se débrouiller seul, pour se concentrer plutôt quelque temps à l'aider à trouver chaussure à son pied. Nous pouvons être reconnaissants. Nous pouvons utiliser ce qui nous est nécessaire, et faire passer le reste.

Il s'avère que cette gratitude – qui, à nouveau, est l'énergie primordiale propre au cadeau – peut avoir de puissants effets palliatifs. Selon une étude récente à l'université de Californie à Los Angeles (UCLA), le simple fait de *chercher* ce pour quoi être reconnaissant provoque une considérable montée de dopamine dans le tronc cérébral – imitant essentiellement l'effet des antidépresseurs, comme le Wellbutrin®. Simultanément, on a découvert que la gratitude provoquait une augmentation de la production de sérotonine dans le cortex cingulaire antérieur du cerveau. Précisément l'effet du Prozac®. Ce partage ne va pas que dans un sens. C'est circulaire, bénéficiant au receveur reconnaissant, comme au donneur reconnaissant.

Quelle bénédiction, dit une vieille histoire islamique du Maroc, qu'il y ait toujours eu des gens qui donnent, des hommes et des femmes généreux, au cœur aussi grand que le ciel et aussi d'or que le soleil. L'un d'entre eux était la princesse Hatim, la fille d'un sultan. Bon, la princesse Hatim était si riche que cela dépassait les rêves les plus grandioses de la plupart des gens, cependant, elle ne gardait pas un seul dirham, préférant plutôt donner ses richesses aux pauvres. Bien que certains des membres de sa famille la jugeassent stupide, ils n'interféraient pas. Ces richesses lui appartenaient, après tout, et elle était libre d'en faire ce qu'elle voulait. Mais un grand problème se présenta le jour où son père découvrit qu'en plus de faire don de sa propre fortune elle faisait don de la sienne.

Hatim n'avait pas demandé la permission à son père, pas plus qu'elle n'avait mentionné qu'elle prenait son or pour le donner à ceux dans le besoin. Pas plus, en vérité, qu'elle ne montra le moindre remords quand son père la confronta à ce sujet.

– Que voulais-tu que je fasse ? lui demanda-t-elle, déconcertée qu'il en soit fâché. Aurais-tu préféré que je ferme la main face à la maladie et à la misère ?

Mais son père voyait la situation bien différemment. Il finit par devoir en conclure que du fait que sa Hatim adorée avait volé la famille royale, elle devait être punie comme n'importe qui.

– Tu peux choisir la mort, lui dit-il avec tristesse. Ou tu peux choisir l'exil.

Après une anxiété considérable, Hatim dit à son père qu'elle choisissait la mort. Comment pouvait-elle, après tout, une fille du Maghreb, survivre si loin de son pays natal adoré ?

Et ainsi fut fait. Mais Allah regardait de là-haut en ce jour fatidique. Accordant une faveur à Hatim pour avoir été aussi généreuse, Il décida de la transformer en amandier, le meilleur de tous les arbres. Comme c'était approprié. Jusqu'à ce jour, l'amandier continue à donner des cadeaux aux gens : des noix et de l'huile pour nourrir ceux qui ont faim. Et au printemps, des fleurs si belles qu'elles ne peuvent échouer à apporter la joie, encourageant même le cœur le plus troublé.

En honorant les réalités fondamentales de l'existence sur Terre, et, en particulier, les relations qui nous soutiennent, cela renforce notre engagement envers la protection de ces relations. Fréquemment, de nos jours, en nous efforçant de rester calmes et centrés malgré le bruit, en tenant bon face à ce qui donne l'impression d'être un flot déchaîné de distractions et de requêtes, nous risquons d'interpréter l'appel pour servir les besoins énergétiques de la vie qui nous entoure comme encore un autre fardeau. C'est parce que nous le minimisons en ne le considérant que comme de l'énergie dépensée. Mais ces affirmations fondamentales de la vie, ces échanges essentiels d'énergie, recèlent la vigueur même que nous cherchons. La nature ne perd pas d'énergie de par la relation. L'efficacité de la nature est toujours au service de la vie créant la vie.

Alors que tant de cultures autochtones restent en contact avec cette vérité, par exemple avec des coutumes comme le cadeau, les Grecs de l'Antiquité en faisaient un point important dans leurs récits. Ils aimaient raconter des histoires au sujet d'un groupe d'immortels, appelé les Titans – un ensemble de divinités se comportant mal qui se firent connaître en raison de leur appétit insatiable pour le pouvoir sans entraves. Il ne fait aucun doute que les Titans auraient méprisé une idée comme le cadeau. En fait, si les autocollants pour voiture avaient existé à l'époque, on aurait pu lire « SANS LOIS. SANS LIMITES » sur ceux à l'arrière de leurs chars. Les Titans étaient excessifs. Considérablement bordéliques. Et ils étaient considérés aussi hautement séduisants qu'extrêmement dangereux par les jeunes hommes en épanouissement – des jeunes débordant de toute la force vitale enthousiaste du bourgeon, mais sans la moindre patience ni connaissance pour prendre soin de son déploiement.

Pour contrer la séduction des Titans, les Grecs tissèrent d'autres histoires célébrant des divinités dont la mission consistait à guider les jeunes vers des modes de vie plus généreux, plus réfléchis.

Chiron, par exemple, était le guide sage d'une extraordinaire pléiade de héros, de Hercule à Achille. Sa sagesse et ses enseignements étaient issus de son sentiment de l'*équilibre* de la nature – plus précisément, en redirigeant l'énergie impulsive, titanesque, des hommes immatures, vers le service envers la communauté plus large. Chiron montra à ses disciples comment utiliser le génie de l'interdépendance de la nature comme principe directeur pour leur vie personnelle. Par son intermédiaire, ils apprirent à canaliser le pouvoir brut qu'ils avaient reçu à la naissance, et à l'appliquer à la consolidation de la résilience de leur communauté.

Lors d'une partie fascinante, mais largement méconnue, de l'histoire de l'Occident, au cours des années 1600 jusqu'à la moitié des années 1700 environ, dans presque toutes les principales églises protestantes de l'Angleterre émergea un puissant mouvement célébrant la qualité généreuse, relationnelle, des êtres humains. Faisant appel à « l'homme de sentiment », cette perspective servit de compensation plus que nécessaire à une époque où bon nombre considéraient les hommes comme étant irrémédiablement malfaisants. Par exemple, le célèbre philosophe du XVIIe siècle, Thomas Hobbes, les considérait comme étant par nature dépravés, seulement capables de décence et de gentillesse en étant contraints par la force à adopter un bon comportement, par de puissants dirigeants d'une dureté implacable. Le mouvement de l'« homme de sentiment » repoussait aussi les notions instables des puritains, qui, à cette époque, affirmaient systématiquement que les hommes étaient maudits en raison de leur dépravation.

Le message d'un énorme groupe on ne peut plus joyeux, du nom plutôt original de latitudinaire, parlait d'un délicieux confort, louant une impulsion naturelle chez l'homme à trouver la liberté en étant attentionné, par la tendresse et la charité. Alors que les dirigeants d'un grand nombre d'églises résistèrent aux latitudinaires, craignant qu'ils ne donnent le feu vert aux passions humaines, leurs messages de bienveillance et de tolérance inondèrent plus de soixante-dix ans les sanctuaires et les amphithéâtres de l'Angleterre.

Les latitudinaires prônaient aux gens d'étendre leur réservoir naturel de bonté à leurs congénères – beaucoup, disaient-ils, comme la bonté de Dieu s'est étendue à toute la création. Mais de surcroît, ils affirmaient que les joies de la générosité ne se limitaient pas simplement à ce sentiment agréable après avoir fait un acte de charité. Il s'agissait plus fondamentalement du bonheur de vivre de tendres passions, naturelles chez tout un chacun, ce qui déclenche une telle générosité pour commencer. Là, de ce fait, se situait une source d'énergie considérable. La tendresse et la sympathie n'étaient pas des faiblesses, mais des expressions de gentillesse irréfutables qui, en fin de compte, sauveraient le monde.

Ces passions joyeuses, comme le souligna l'évêque de Derry dans un sermon en 1700, n'étaient pas des dangers mortels à éradiquer à tout prix. Il s'agissait des sources de la libération. « Ce sont nos Passions et nos Affections qui doivent faire le travail, car jusqu'à ce qu'elles commencent à se manifester, notre raison n'est qu'un chariot dont les roues ont été retirées. »

> Puis ce sentiment extraordinaire dans une lettre de 1755 d'un auteur uniquement connu de nos jours sous les initiales A. B.: les pleurs moraux sont le signe d'une si noble passion qu'il pourrait être questionné si ceux-ci sont bien d'hommes qui ne pleurent en aucune occasion. Ils pourraient prétendre être aussi héroïques qu'il leur plaît, et s'enorgueillir d'avoir une insensibilité stoïque ;

> mais cela ne passera jamais pour de la vertu auprès des véritables juges de la nature humaine. Qu'est-ce qui peut être plus noblement humain que d'éprouver un tendre sentiment de nos propres infortunes et de celles d'autrui [*sic*] ? Ce degré de sensibilité, chaque homme devrait souhaiter l'avoir dans son propre intérêt, car cela le dispose à, et le rend plus en mesure de, pratiquer toutes les vertus qui favorisent son propre bien-être et bonheur.

William Sherlock, le doyen de la cathédrale Saint-Paul de Londres, et l'un des premiers latitudinaires, prêchait brillamment sur la valeur d'un esprit doux et tendre – celui qui peut percevoir la souffrance d'autrui, et souffrir avec lui. « La nature nous incite à soulager ces souffrances que nous éprouvons », disait-il. Et cette impulsion naturelle – ce qu'il appelait un « principe intérieur » – est plus puissante que tout argument externe. « Le sens et le sentiment constituent ce principe », suggéra-t-il. Huit cents ans plus tôt, Aristote affirmait que les hommes étaient naturellement « apparentés et amis les uns pour les autres ». La base de cette parenté, ajoutaient les latitudinaires, était à trouver dans la tendance innée comparable à « ces instincts chez les créatures sauvages, d'affection et d'attention naturelles envers leurs petits ». Nous sommes, en vertu de notre propre nature, unis. Et la meilleure chance de connaître le bonheur – non seulement à l'avenir, mais ici et maintenant – consiste à vivre chaque jour aussi près que possible de cette vérité éclatante.

Que l'on se soit autant accroché à ces croyances est d'autant plus extraordinaire, en considérant qu'elles se sont implantées à une époque de rationalité obsessionnelle, pure et dure. Les puissants hommes blancs qui finirent par écrire l'histoire de cette ère accordaient peu de foi à la passion et à la douceur. Et cependant, la profonde générosité qu'évoquent les messages des latitudinaires et de leurs alliés s'apparentait à un puits artésien pour les personnes de ce pays. Cela réprima leur profond désir de voir le monde comme un bon endroit – un lieu qui prospérait mieux quand les hommes dirigeaient méticuleusement, affectueusement, leur attention vers l'entretien des relations.

Alors qu'ils n'auraient probablement pas décrit leur philosophie en termes d'efficacité, dans un sens, les latitudinaires promouvaient précisément cela. Une personne gentille envers autrui, après tout, tend à être plus gentille envers elle-même. Ce qui, à son tour, lui permet d'être mieux à même de cultiver et d'appliquer les talents créatifs qui lui sont propres. Une telle communauté humaine finit par accueillir à bras ouverts ce cycle essentiel de la nature dont parlait Lao-Tseu, en puisant dans ce qui est abondant et en donnant à ce qui est déficient. En vivant ainsi, on a le sentiment d'être revenu chez soi, capable enfin de ressentir l'harmonie, l'équilibre et le rythme, vibrant pour toujours au fil de notre vie.

7

SEPTIÈME ENSEIGNEMENT

Après un désastre ou un bouleversement, la nature nous enseigne l'art de nous relever

[...] Il pourrait, en fait, être nécessaire de rencontrer des défaites pour pouvoir savoir qui nous sommes, bon sang ! Que pouvons-nous surmonter ? Qu'est-ce qui nous fait trébucher ? Et tomber ? Et miraculeusement nous relever ? Et continuer ?

Maya Angelou

En cet été long et aride de 1988, non loin de ma maison, de l'autre côté de la région sauvage au cœur de Yellowstone, allait survenir une propagation alarmante de coups de foudre. Et avec le blé en herbe et le barbon de Gérard aussi secs que du papier, et bon nombre des arbres mêmes à un taux d'humidité inférieur que le bois débité séché au four, la région commença à brûler. Le vent soufflait, et de petits feux devinrent de gigantesques brasiers. Les flammes s'élevaient à plus de trente mètres en prenant du volume. Les ciels normalement lumineux de l'été ne tardèrent pas à être encrés par la fumée.

Le 20 août, un jour que les pompiers en vinrent à appeler « le samedi noir », l'un de ces feux, celui de Storm Creek, gronda dans la périphérie de la petite ville de Cooke City, dans le Montana. Se propageant sur plus de 16 km en trois heures, il atteignit une telle vitesse vertigineuse que les queues d'une file de chevaux de bât faillirent en être complètement roussies. Le cow-boy qui les menait les entraîna dans la rue principale de la ville à un galop rapide, un rideau de fumée et de flammes s'élevant derrière eux, dont fut réalisée une photo à faire se pâmer les rédacteurs en chef et les producteurs de télévision de tout le pays.

Nombreux seraient ceux qui décriraient plus tard les incendies de Yellowstone de 1988 comme le commencement de l'ère moderne des feux de forêt. Ce n'était pas comme si c'était une nouveauté en soi. En fait, l'Ouest est une région complètement mise en forme et assainie au contact des flammes. Néanmoins, au cours de la majeure partie de l'histoire, les incendies propageant ces flammes étaient, plus souvent que non, relativement modérés.

Cependant, au début du XXe siècle, on décida que le feu de forêt était l'ennemi. Il fut même décrit de temps à autre comme un prédateur, cela à une époque où tous les prédateurs de la nature – loups et coyotes, cougars, faucons et autres oiseaux de proie, comme le hibou – étaient jugés malfaisants et bons à massacrer. Durant soixante ans, on éteignit chaque feu de forêt à portée de pelles. Et derrière nous, hors de vue et hors de l'esprit, le sol de la forêt se retrouva de plus en plus couvert de broussailles, avec des tas croulants d'arbres et de branches tombés – ce que l'on désigne communément par la « charge du combustible ». Et ce qui, dans le passé, aurait été nettoyé par ces feux plus modérés.

Ce qui a considérablement amplifié le problème posé par de lourdes charges du combustible forestier, ce sont les conséquences en pleine expansion du changement climatique. Faisant sévèrement diminuer la couverture de neige. Asséchant les forêts. Nous bloquant dans des sécheresses prolongées. En rendant ces feux déclenchés par la foudre, ou des hommes négligents, plus imposants, plus brûlants, plus catastrophiques. Les incendies féroces de Yellowstone en 1988 incarnaient un pont reliant ce que nous avions fait de mal dans les bois, à ce que nous avions fait de mal dans l'environnement en général.

L'été suivant, en 1989, neuf mois après que les neiges de l'automne eurent apaisé de leur étreinte froide cette terre brûlée, je me mis en route pour une randonnée de 805 km à la périphérie de l'écosystème. Une bonne partie de mon itinéraire serpentait par de vastes étendues d'arbres aux troncs noircis – ombres désolées de ce qui avait autrefois été des forêts silencieuses de conifères. Sur certains, l'écorce calcinée était fendue – signe d'un feu particulièrement chaud –, révélant des entailles de bois nu, lisse, couleur albâtre. Sans les millions d'insectes vivant dans ces arbres, dont la plupart avaient péri dans les flammes, les pics-verts, les pics flamboyants et les pics maculés s'étaient envolés vers des contrées plus riches pour se nourrir, privant ainsi les bois de ses tambourineurs.

À la fin de ma deuxième journée sur le sentier, j'arrivai à un poste d'observation en hauteur, offrant une vue dégagée sur 16 km de longueur du paysage en contrebas. Dans chaque direction, ce monde avait été consumé par le feu. Des montagnes se dressaient à 610 m de hauteur, dures et nues, leurs manteaux de bois en lambeaux, cisaillés par le vent, carbonisés et étalés sur la pierre.

En fin de compte, une forêt survit en partie grâce aux stratégies qu'elle a développées pour supporter le traumatisme brutal. Le pin ponderosa laisse retomber ses branches inférieures en prenant de l'âge – empêchant ainsi les flammes de se propager en hauteur, de branche en branche jusqu'à la cime, comme on grimperait à une échelle. Cet arbre s'est aussi adapté aux incendies au cours de milliers d'années, en développant une écorce extraordinairement épaisse, isolant ainsi la précieuse couche de cambium contre la chaleur extrême. De plus, les pins ponderosas formant une forêt sont espacés, arrivés à maturité, sans être trop serrés, ce qui permet de conserver l'eau, ainsi que de limiter l'intensité des feux. Ce sont en effet ces adaptations au feu qui ont mené les premiers explorateurs de la région ouest de l'Amérique du Nord à tomber cul par-dessus tête amoureux des petits bois de pins ponderosas mouchetés de soleil et pareils à des parcs – en découvrant les arbres largement espacés, s'élevant d'un sol si désencombré, qu'il aurait été possible de circuler entre eux dans des chariots tirés par des chevaux.

Simultanément, quand un bouleversement majeur comme un feu de forêt se propage dans un paysage, il est possible de prédire de quelle manière cet écosystème se rétablira probablement et prospérera à nouveau, en regardant ce qu'il en reste. Les graines nécessaires pour qu'en germe une nouvelle vie ont-elles été protégées ? Les cônes du pin tordu, par exemple, éclatent en libérant leurs graines, uniquement s'ils sont touchés par les flammes, ce qui en fait le premier des arbres à se mettre à pousser en émergeant du sol couvert de cendres. La terre est-elle stable et toujours fertile ? Reste-t-il encore des abeilles et des mouches dans le secteur, pour contribuer à la pollinisation de jeunes plantes ? L'aquifère est-il demeuré intact ? La nature se résume fondamentalement à la préservation de ce qui est le plus essentiel pour lui éviter de disparaître, puis, ces éléments essentiels en main, à restaurer la vitalité et la stabilité aussi vite que possible.

Il vaut la peine de noter que, dans de nombreux cas, les écosystèmes ne font pas que survivre à un tel bouleversement – ils *prospèrent*. Au fil de nombreux milliers d'années, les plantes, les insectes, les oiseaux et les mammifères évoluèrent pour profiter de l'abondance laissée dans le sillage d'un bon incendie. Le feu libère des nutriments que contiennent les arbres, ainsi que certaines plantes au sol, en réalimentant la terre avec les cendres. Ce qui l'enrichit considérablement. En dépit de ma stupéfaction face à l'impact visuel impressionnant à la suite des incendies de Yellowstone, la surface du paysage, neuf mois plus tard, arrivait déjà aux genoux, après une toute nouvelle ruée de plantes à fleurs du genre streptopus, d'épilobes à feuilles étroites et de spirées. Et sur le sol qui, pendant presque un siècle, avait été ombré par des forêts à canopée fermée, les graminées surgissaient au soleil.

Ce n'était pas que la quantité de végétation qui augmentait, mais la qualité. Selon une étude effectuée à Yellowstone l'année suivant ces incendies, les épilobes à feuilles étroites poussant dans les zones ravagées par le feu étaient plus riches en nutriments de 30 %, que ces mêmes plantes poussant sur une terre épargnée par les flammes. Et cela était d'une importance capitale pour les herbivores. Les wapitis du Greater Yellowstone se faisaient notamment un devoir de se nourrir de cette végétation d'après l'incendie – un festin extraordinairement nutritif contribuant à favoriser leur santé et leur force en prévision de l'hiver approchant. L'année suivante, les coléoptères se nourrissant des arbres morts se précipitèrent en nombre sur le bois brûlé, ce qui, à son tour, fit revenir ces pics flamboyants et ces pics-verts, tous impatients de se restaurer de cette abondance d'insectes.

Ce fut lors de mes longues pérégrinations dans la région de Yellowstone les années suivant les incendies que j'en arrivai à célébrer ces petits mouvements préliminaires annonçant le renouvellement auxquels je n'avais pas vraiment fait attention jusque-là : une petite pincée de myrtilles sortant la tête de la terre brûlée ; un aster solitaire dépassant du noir de la zone carbonisée. La nature, à la suite du feu de forêt, se révélait être un processus – parfois rapide, parfois lent, et cependant infiniment persistant. Quand je commençais vraiment à m'y intéresser de plus près, je fus en mesure de constater l'influence qu'avait eue ce feu de forêt tout autour de moi – en voyant l'action des flammes sur la forme même des arbres, ainsi que sur la façon dont ceux-ci s'étaient espacés d'eux-mêmes en prenant de l'âge. C'était, et cela demeurerait, une terre qui naissait et renaissait de ses cendres.

Ce flot insistant de vie – qui se manifeste d'autant plus à la suite d'un bon feu – ne peut simplement être anéanti, ni nié. Imaginez qu'un incendie réduise en cendres une petite parcelle boisée près d'une vieille ferme abandonnée, quelque part en Nouvelle-Angleterre. Le propriétaire terrien embauche des scieurs et des conducteurs de bulldozer pour venir enlever ce qui reste de tous les troncs et des branches calcinés, réduisant plus ou moins la zone à un sol nu, totalement exposé, ressemblant quasiment à un champ labouré. Puis, disons qu'au lieu de le replanter, le champ reste en l'état. Le propriétaire s'en va, sans même y réfléchir à deux fois.

Mais, pour la nature, l'« abandon » est hors de question. En un rien de temps, ce paysage calciné de Nouvelle-Angleterre verra du lichen et des champignons étendre leurs réseaux, suivis par tout un éparpillement de plantes envahisseuses, comme le chardon et la bardane. Puis arriveront le mouron des oiseaux, des arbustes et des touffes de graminées. Tous suivis à leur tour par des arbrisseaux qui évolueront en des arbres plus hauts, bon nombre d'entre eux le pied planté dans d'épaisses parcelles de fleurs sauvages, des violettes aux boutons d'or. À leur tour, ces jeunes bois attireront les oiseaux et les petits mammifères. On a en effet découvert qu'un seul arbre apparaissant dans une prairie non boisée peut faire augmenter presque de quarante fois la diversité des oiseaux. Quant aux créatures qui vivaient sous la forêt avant l'incendie – vers, coléoptères et bactéries –, bon nombre d'entre elles auraient survécu aux flammes, continuant à faire tourner le moteur nutritionnel de la terre en fragmentant feuilles et litière végétale en éléments nutritifs essentiels nécessaires aux fleurs sauvages, aux arbustes et aux jeunes arbres.

Le miracle à garder ici à l'esprit, c'est que ces petits bouts de nature qui se sont installés les années suivant un bouleversement majeur conduiront invariablement à davantage de nature. Et cette nature contribuera à en créer d'autant plus. Même après la mise en place des descendants de tous les anciens résidents, l'écosystème continuera de s'étendre – par des arbres plus hauts, des champignons plus gros, de la mousse plus épaisse.

Nous connaissons ces données fondamentales sur la vie sur Terre : les plantes récupèrent l'énergie du soleil, utile pour leur croissance et leur reproduction. Puis elles transmettent cette énergie – au cerf qui mange l'herbe, aux écureuils qui mangent les noix, aux oiseaux qui mangent les baies. Une partie est également transmise sous forme d'éléments nutritifs par le processus de décomposition. Et pendant, comme après, tant et plus de ce type de transmissions, ce qui reste de cette énergie solaire initiale finit par être libéré du système – sous forme de chaleur, générée par le « travail » de la croissance. Ce qui aurait pu être considéré de prime abord comme une calamité, comme une fin, se révèle en fait comme une explosion de création à multifacettes, hautement coordonnée, intensément dynamique.

À la suite de ma randonnée de 805 km autour de Yellowstone après les incendies de 1988, je me suis souvent surpris à me demander ce que ce genre d'événements aurait pu m'enseigner sur ma propre vie. J'ai toujours cette question à l'esprit. Aujourd'hui, après tout, nous vivons dans une nouvelle ère de feux de forêt, se démarquant par ce que l'on désigne par des méga-feux – un terme qui se rapporte à des zones brûlées de plus de 40 470 hectares –, autrefois rares, mais maintenant courants. En effet, depuis l'an 2000, treize années se sont écoulées avec au moins une dizaine de ce type de feux. Non seulement des incendies de plus grande ampleur, mais beaucoup plus chauds. Si chauds qu'ils stérilisent souvent le sol, une condition qui n'empêche pas nécessairement la renaissance éventuelle de la forêt, mais peut retarder ce rétablissement pendant très longtemps.

Et dans les feux de forêt, j'ai découvert des parallèles avec la vie humaine. L'impulsion à prévenir même de bons feux s'est reflétée dans mes propres illusions de contrôle. Ayant grandi au sein d'un foyer explosif, je suis arrivé à l'âge adulte en considérant toute tension comme signe annonciateur d'un danger. Même des désaccords modérés émettaient d'ardentes étincelles, et il n'était que prudent de les étouffer dès que possible. Mais évidemment, au fil du temps, une quantité stupéfiante de débris s'accumule – ces sentiments de ne pas être entendu, ou respecté. Ces débris s'enracinent profondément, étouffant le potentiel d'une nouvelle vitalité dans une relation donnée. Réprimez les petits feux qui couvent assez longtemps et souvent, et un beau jour, vous obtiendrez un gigantesque brasier.

Mais ce n'est que le début de ce que les feux m'enseignent. J'ai aussi commencé à établir des relations plus claires avec ce qui me donne le sentiment d'être ma nature essentielle – avec ces qualités principales pouvant supporter les épreuves, quelles qu'elles soient, qui se propagent tel un incendie. Je considère qu'elles sont ces « graines » saines actuellement en ma possession, et qui ne perdraient pas de temps pour germer à la suite de ces difficultés. Je me souviens, aussi, que le rétablissement après un incendie dans la nature est un acte collectif, une magnifique démonstration d'interdépendance. Ce qui me rappelle de prendre soin de mes relations, de les cultiver, en sachant que chacun de nous pourra faire appel aux autres si un désastre survenait.

Il est probable que la conséquence du bouleversement, c'est la croissance. Plutôt puissamment, des formes d'aide, comme la psychothérapie, sont conçues pour nous aider à avancer, les yeux ouverts sur nos contrariétés – ces feux modérés de l'anxiété ou de la dépression qui se présentent quand la vie semble devenir incontrôlable. Et ensuite, afin de transformer un tel bouleversement en opportunités permettant d'acquérir des compétences pour le surmonter – pour susciter de nouvelles explosions de vitalité mentale, émotionnelle et spirituelle. Les bouleversements peuvent mener à la guérison. Ils peuvent être ce qui nous permet de démissionner finalement d'un emploi toxique, ou de comprendre que rester dans une relation malsaine a un certain prix.

Mais qu'en est-il de ces bouleversements plus graves, plus catastrophiques ? Des expériences de la violence, ou de la mort d'un être aimé ? Ceux-ci correspondent aux incendies de Yellowstone – des événements charnières qui retardent considérablement la forêt, mais s'arrêtent juste avant de stériliser le sol. Il s'agit de ces événements dans notre vie qui incitent le plus profondément à prendre soin, attentivement, de chaque brin d'herbe, chaque rameau de fleurs sauvages, qui annonce le premier acte du retour de la nature.

Face à des bouleversements des plus éprouvants, le risque est de se retrouver bloqué par la peur, de se laisser emporter par la colère, ou d'être farouchement sur la défensive. Ils pourraient ouvrir la porte à une rage non reconnue, ou à des expériences refoulées d'abus ou de harcèlement. Et simultanément, les méga-feux peuvent priver le sol de ses éléments nutritifs, et les menaces émotionnelles découlant d'un traumatisme majeur peuvent potentiellement modifier le cerveau. À la suite d'un événement traumatisant, il est possible que notre cerveau devienne ce que certains chercheurs désignent par « *bottom-heavy* », ou « lourd du bas », signifiant que l'amygdale – cette partie prudente, vigilante du cerveau, où sont générées les réactions de peur – devient agitée. Simultanément, les zones du cerveau qui régulent les émotions et permettent de penser clairement peuvent devenir apathiques. Des événements traumatisants nous laisseront anxieux, déprimés, incapables de trouver le sommeil, des états qui, par eux-mêmes, ont de graves répercussions sur la santé.

Un écosystème produit une réaction à différents niveaux après un bouleversement, quand les graines, l'eau, le sol stable et la lumière du soleil se rassemblent pour générer une nouvelle vie, vague après vague, couche après couche, chacune s'établissant par rapport à l'autre. À la suite d'un traumatisme émotionnel, la première vague de rétablissement consiste à apaiser le centre de la peur.

Si les personnes souffrant d'un traumatisme peuvent prendre tôt la décision de bouger, d'avoir une activité physique de vingt à trente minutes par jour, cela peut participer à atténuer les états d'hyperexcitation qui suivent des événements tragiques, tout en libérant des substances chimiques contribuant à la réparation du système nerveux. Et la pleine conscience, de la méditation calme, à porter attention au choix des aliments que l'on consomme, s'apparente à une douce averse sur un sol calciné.

La nature est une puissante amorce pour cette forme de pleine conscience. C'est la raison pour laquelle un nombre en augmentation d'anciens combattants choisissent de reprendre leur vie de retour à la maison en passant du temps dans les contrées sauvages. Et de plus en plus d'associations écologiques, d'Outward Bound, au Sierra Club, et aux Veterans Expeditions, leur viennent en aide pour que cela se concrétise. À part le simple cadeau qu'est du temps tranquille pour penser, parcourir un sentier de randonnée en pleine nature incite le cerveau à produire des compensations pour les corticostéroïdes toxiques dus au stress post-traumatique.

Dehors, dans la nature, le monde s'étend dans chaque direction pour établir des relations : d'un groupe d'arbres envoyant des éléments nutritifs par un réseau de champignons pour aider un érable malade, aux loups réduisant en partie une carcasse en charpie afin qu'un vieux mâle alpha aux dents usées puisse se nourrir, aux chimpanzés de Carole Noon, se réconfortant mutuellement après le décès de la femme qui les avait sauvés.

Et ce qui se vérifie dans la nature se vérifie pour vous – après tout, vous en faites aussi partie. En ayant de bonnes personnes attentionnées à proximité, cela attirera en grande partie ce qui est nécessaire pour guérir. Certaines seront celles à qui vous pouvez raconter dès le début votre histoire, et la raconter encore. Des personnes avec qui vous pouvez pleurer. D'autres, dont les enfants, seront celles avec qui vous pourrez acquérir de minuscules aperçus de la beauté que la vie « là-dehors » recèle encore. D'autres seront simplement là pour vous donner l'occasion de vous ouvrir à la gentillesse, d'être le receveur d'un cadeau sacré. C'est ainsi, donc, que le cœur se réconcilie, comme le décrit le poète Stanley Kunitz, avec une vie qui doit inévitablement inclure un *feast of losses*, un « festin de pertes ».

Selon des recherches effectuées par la D^re^ Susan David à Harvard, au moins un tiers d'entre nous « se juge pour avoir de prétendues "mauvaises émotions" », ou essaie activement de les écarter. « Les émotions normales, naturelles, sont maintenant considérées bonnes ou mauvaises. » Elle poursuit en expliquant qu'en écartant des émotions comme le chagrin pour adopter un sentiment faussement positif, la capacité à accepter le monde tel qu'il est, plutôt que comme on souhaiterait qu'il soit, nous fait défaut.

« L'inconfort est le prix de l'admission d'une vie chargée de sens. »

Nous avons la capacité naturelle d'élaborer des histoires plus nourrissantes, plus assumées, au sujet de notre vie. De faire preuve de gentillesse envers nous-mêmes. Et également, de développer notre résilience par le biais de ces liens qui nous unissent aux autres – même à un petit groupe d'amis attentionnés ou à une famille, qui peuvent nous aider à nous relever à la suite d'un événement bouleversant.

En 2005, j'ai vécu ce qui fut pour moi l'un des plus grands bouleversements de ma vie, après avoir été avec ma première épouse, alors âgée de 25 ans, victime d'un tragique accident en faisant du canoë au nord de l'Ontario. Emporté par une longue succession de rapides féroces, notre bateau chavira après 90 m environ, je parvins à en réchapper avec de multiples contusions et deux os brisés. Durant trois jours, Jane demeura introuvable, les équipes de sauvetage la cherchant du lever au coucher du soleil, par la voie des airs et à terre. Puis, un chien de recherche, dressé pour détecter des odeurs venant de sous l'eau sombre, couleur thé, de la rivière, trouva finalement quelque chose. Une opération de récupération avec des cordes de grimpe fut entreprise, et en milieu d'après-midi, un jour froid de fin mai, avec des pluies intermittentes, son corps fut doucement retiré de ces eaux tumultueuses. Je n'étais pas loin, au quartier général de recherche, et quand le commandant de l'équipe m'apprit la nouvelle, je m'effondrai à genoux. Et le long voyage, souvent désespéré, pour surmonter le chagrin, commença pour de bon.

Alors qu'à un niveau, j'étais ouvert à ce que des amis, des voisins et des parents m'apportent du réconfort – par moments, j'en avais terriblement besoin –, l'idée que ces relations m'apporteraient une guérison significative, quelle qu'elle soit, me paraissait inconcevable. Mais encore, l'ampleur de cette tragédie m'avait complètement éjecté de la vie telle que je la connaissais; pour ainsi dire réduit en cendres et désarmé, je me confiais à leurs soins. La commémoration se tint le 10 juin dans ce qui était alors la ville où je résidais, dans l'église catholique – le seul endroit assez spacieux pour accueillir l'événement. J'en franchis en titubant la porte en me soutenant sur mes béquilles, mon frère à mon côté semblant nerveux, comme s'il pensait que j'allais trébucher et tomber à tout moment. Dans le sanctuaire, au moins six cents personnes attendaient. Des amis et la famille s'étaient rassemblés, venus de tout le pays.

J'avais demandé de prévoir un moment lors du service pour que les gens racontent des histoires, et il y en eut un certain nombre. Des récits amusants. D'autres charmants, également. Quand ce fut mon tour, j'expliquai comment Jane faisait souvent remarquer que, quand son heure serait venue, elle espérait que cela se produirait dans un lieu sauvage, alors qu'elle faisait ce qu'elle aimait. Et ce fut le cas. En quelque sorte, cependant, dis-je, j'imaginais la fin à des dizaines d'années de distance. Peut-être avec elle, devenue une femme d'un grand âge, sortie pour un dernier voyage en camping, bien au chaud dans un sac de couchage, le regard fixé entre les rabats de l'ouverture de la tente sous un ciel criblé d'étoiles.

La brigade des sapeurs-pompiers de Red Lodge, qui incluait la plupart des collègues de Jane, paramédics et membres du service de recherche et de sauvetage, avait garé leur plus imposant camion près de l'église, l'échelle dressée pour lui rendre hommage. Presque à la fin du service, l'opérateur transmit une dépêche, prétendument la dernière – un honneur accordé à ceux qui meurent en faisant leur devoir, ou qui se sont illustrés par leurs contributions importantes à la communauté.

La radio grésilla: « Red Lodge Fire and Rescue, dépêche. » Suivi de longues secondes de silence, d'un faible souffle de parasites.

« Voici une dernière dépêche pour Jane Ferguson. Elle est morte dans les régions sauvages, en faisant ce qu'elle adorait faire. Son dévouement et sa compassion envers ses concitoyens ne sont pas près d'être oubliés. »

Puis: « Dépêche terminée. » À peu près une minute par la suite, le silence régna; toute l'assemblée semblait prête à fondre en sanglots.

Rétrospectivement, je peux vous dire que, dans mon cerveau, le centre de la peur, ainsi nommé, était surchargé – un gigantesque déluge de rêves troublés et de retours en arrière sur le naufrage, et dans l'impossibilité d'arrêter d'imaginer en boucle, compulsivement, une vie misérable de découragement et de désespoir, persuadé que j'en serais tourmenté le restant de mes jours. Cependant, j'apprenais simultanément – un peu, mais en profondeur – comment les amis, même les plus récents, comment même mes deux chats, pouvaient à un tel moment se charger d'une partie de mon fardeau, ainsi que commencer à juguler cette hémorragie qu'est la solitude.

Ma jambe guérie, j'entrepris de partir pour de longues randonnées dans la nature – officiellement pour disperser les cendres de Jane dans cinq de ses régions sauvages préférées de l'Ouest, ce qu'elle avait demandé. Mais officieusement, et en grande part inconsciemment, parce que la communauté dont j'avais également besoin – quasiment comme Walt Whitman après son attaque – était composée de ruisseaux, de myosotis, de cerfs, d'ours et de cougars. Ces endroits, également, regorgeant de toutes sortes de vie, contribueraient, comme mes amis et ma famille, à cette sensation d'une étreinte que j'éprouvais, me permettant de percevoir tout du moins le murmure d'un sentiment d'appartenance, toujours quelque part en profondeur, et que cette appartenance permettrait peut-être un jour à mon chagrin de n'être plus qu'une facette d'une vie qui ne s'arrêtait pas là. De là où j'en suis aujourd'hui, je peux voir ce qui s'est passé. Alors que ces voyages pour la dispersion des cendres se passèrent au cours des années après l'accident, j'étais porté lentement mais sûrement hors de la petite pièce où réside la solitude, de retour dans ce vaste monde à l'accueil si chaleureux. Un monde composé d'éclat du soleil sur mes os, de wapitis, de loups, de hauts pins et de rivières, et que j'avais dans le sang.

Mon troisième voyage de dispersion fut aux canyons de rochers lisses et fluides du sud de l'Utah. En remontant à la fin de son adolescence, ce fut là, lors d'un stage d'endurcissement en plein air, que Jane parvint finalement à passer le cap d'un trouble de l'alimentation presque fatal contre lequel elle luttait depuis des années. Quand elle avait décidé à l'origine des endroits où elle voulait que ses cendres soient dispersées, ce qu'elle fit une bonne dizaine d'années avant son décès, la région des canyons figurait en bonne place sur sa liste.

Je conduisis vers le sud à partir du Montana, et lorsque j'atteignis le village de Caineville, dans l'Utah, la région avait fondu jusqu'à n'être plus que l'essentiel de l'existence : des vagues rouillées de grès se détachant à chaque passage d'une tempête ; un ciel d'un bleu profond, chaud, manquant d'eau, lumineux. Tout près de l'autoroute, des prairies miniatures pas plus grandes que des piscines de jardin étaient nichées contre de vastes arcs de grès, entremêlés au rouge du penstémon « pétard », l'orange brûlé de la mauve du désert. Des genévriers isolés étaient suspendus, comme par les orteils, aux parois de Slaughter Canyon.

Je plaçai l'urne en terre cuite contenant ses cendres sur le dessus de mon sac à dos, et commençai à marcher à partir d'une série de corrals près de Notom Road – en direction de l'ouest, vers Sheets Gulch, un canyon en fente, et les arêtes dures et cannelées du Waterpocket Fold. Un groupe de peupliers de Virginie s'effeuillait le long de la rivière, rappelant des gouttes, de ce vert électrique, fugace, d'avril. Les ciels étaient principalement clairs, bien que, plus loin vers l'ouest, on vît une longue procession de nuages sombres, traînant leurs queues le long des sommets d'une ligne rouge rocheuse de partage des eaux. La nature évolue rapidement en ces lieux, souvent violemment, avec des tempêtes complètement hors de vue envoyant des murs d'eau se ficher dans les canyons en fente, faisant se détacher d'énormes rochers, en ravageant les peupliers de Virginie. Cependant, c'est une autre bonne raison pour s'ancrer totalement dans le moment présent, pour prêter attention.

Ondulant au sol, se trouvaient des grappes de *Fallugia paradoxa*, dite « plume d'Apache », et de bigelovie ; le long des bords humides des ravins, de la prêle surgissait de terre, pareille à de fines tiges d'asperge osseuses. Les pies étaient là en nombre, s'élevant et se laissant retomber de trois à quatre mètres, jouant avec le vent. Je cherchais précisément le bon endroit, le bon arroyo, la bonne butte, et finalement, pour des raisons inconnues, je me retrouvai au sommet d'une petite montée à l'orée à l'est du parc national de Capitol Reef. Une vue évoquant tout en murmures une échelle du temps si imposante, au point d'en être inconcevable : de vieux marais dans ce qui est maintenant l'éboulis de la formation de Chinle ; de gigantesques dunes du désert enfermées dans les grès Navajo ; le sifflement des mers peu profondes, à présent pétrifiées dans les strates de Mancos Shale, le groupe de schistes de Mancos.

Les nuages de cendres que je lançais à la cuillère vers le ciel cet après-midi-là restèrent rassemblés un long moment, suspendus dans les airs, subitement sans vent, dérivant lentement, lentement vers le nord, contre une étendue de grès couleur rouille. Je mis la cuillère et l'urne dans le sable, à mes pieds. Puis je me penchai vers le sol, pour poser la joue contre une dalle chaude rocheuse. Un nuage solitaire en forme de citrouille dériva au-dessus de moi, avant de se dissiper. Un colibri vola à proximité, en route pour aller déjeuner dans un parterre de plantes du genre *Leucocrinum* aux fleurs étoilées, passant si près de ma tête que j'entendis ses ailes bruisser. La beauté de l'ensemble était impossible à ignorer. Et quelques précieuses minutes, j'eus le sentiment de me délester d'un fardeau. Comme si cette béance dans ma vie avait rétréci, une tache noire dans un monde plus vaste de ciel, de roche lisse et de volubilis.

Mon rétablissement s'apparentait à un petit écosystème se remettant en marche après un incendie d'ordre psychologique aux proportions terrifiantes. Comme ce lopin de terre en Nouvelle-Angleterre, d'abord ravagé par le feu, puis par le bulldozer, qui resta dénudé, abandonné, pour finir par se rétablir sans tarder, une couche après l'autre. Finalement, pour moi aussi, la vie allait céder la place à davantage de vie. À davantage de diversité et d'expériences. Davantage de gratitude. Davantage de beauté. Comme ce paysage en Nouvelle-Angleterre, j'allais me rétablir avec le temps, d'un ami à l'autre, d'une plante à l'autre, d'un oiseau à l'autre, jusqu'au jour où mon cœur et mon cerveau ravagés m'inciteraient à renouer avec mon propre épanouissement.

« La première note fait-elle partie de la prochaine note ? demanda Yo-Yo Ma, le violoncelliste virtuose. Ou seriez-vous passé d'un univers infini à un autre ? La deuxième note est toujours une révélation. »

Il n'y a pas longtemps, des chercheurs en psychologie ont entrepris une étude d'envergure sur au moins cinq mille personnes. Ce qu'ils ont découvert est remarquable : alors que le niveau de bonheur qu'éprouve un individu en étant en relation avec sa famille, ses amis ou chez lui est élevé, d'autant plus élevées sont les corrélations entre son bien-être et sa relation avec la nature. La nature, pour des raisons que nous ne comprenons pas complètement, semble être intégrée de façon unique à notre psyché – différente de toute autre relation dont nous faisons l'expérience. Cette étude est d'autant plus convaincante que ces chercheurs en ont conclu que le « lien avec la nature » permet de prédire le bonheur *indépendamment d'autres facteurs psychologiques.* En d'autres termes, en période de bouleversement, ceux pouvant s'appuyer dans leur vie quotidienne ne serait-ce que sur une infime partie de la nature ont plus de chances de se révéler résilients, en émergeant de circonstances difficiles émotionnellement indemnes.

Les feux de forêt, comme les inondations, les tremblements de terre et les ouragans, nous rappellent ce que les mythes et les histoires révèlent depuis des milliers d'années – que toute vie danse dans un équilibre de création et de destruction, se tissant et se détissant, avec le nouveau émergeant souvent avec davantage de force et de vigueur que ce qui le précédait. En fait, voici une vieille histoire taoïste qui évoque bien le lit de semences où repose le calme, même dans les épreuves les plus dures de l'existence.

Un humble fermier vivait dans le sud de la Chine, raconte cette histoire, et un jour, le loquet de la stalle de son cheval de trait à qui il faisait le plus confiance se détacha ; ne perdant pas de temps pour se lever, le cheval sortit au trot de la grange et disparut dans la campagne.

– Quelle malchance ! compatirent les voisins, en hochant la tête, sincèrement désolés.

– Peut-être. Peut-être pas, dit le vieux fermier.

Dès le lendemain, non seulement le cheval revint, mais accompagné de trois chevaux sauvages. Incroyablement, les quatre animaux entrèrent tranquillement dans le corral, près de la grange, et commencèrent à manger du foin.

– Quel miracle ! dirent les voisins. Quelque chose de plus merveilleux n'aurait pu arriver.

– Peut-être, se contenta de dire le fermier.

Le jour suivant se leva, très lumineux, et le fils du fermier décida de se risquer à monter l'un des chevaux non dressés. À peine venait-il de grimper sur son dos que l'animal s'emballa et lança une ruade contre une rampe du corral, brisant la jambe du jeune homme.

De retour furent les voisins, cette fois, pleins d'empathie.

– Quelle malchance ! compatirent-ils, sincèrement tristes pour lui.

– Peut-être, dit le fermier. Peut-être pas.

Le jour suivant, une équipe de recruteurs militaires bourrus arriva dans la région, frappant à chaque porte, en quête de jeunes hommes pour une guerre qui couvait dans les collines, loin vers l'ouest. Ayant constaté que le fils du fermier avait la jambe cassée, les recruteurs l'ignorèrent.

– Quelle bonne fortune !, s'exclamèrent les voisins, ébahis en voyant comment les choses avaient bien tourné.

– Peut-être, dit le fermier. Peut-être pas.

En grande partie comme la forêt, nous pouvons nous relever, et nous nous relevons, des cendres des événements même les plus perturbants. Il est vrai, à la suite d'un grand bouleversement, la plupart d'entre nous auront des difficultés à puiser dans la sagesse empreinte de patience de ce fermier chinois. Cependant, nous pouvons nous appuyer sur la garantie réconfortante qu'étant donné que nous faisons partie de la nature, avec un esprit vif et des instincts durables pour les relations perfectionnées au fil d'innombrables générations, nous disposons aujourd'hui d'une résilience profonde sur le long terme.

8

HUITIÈME ENSEIGNEMENT

Les anciennes pousses : les anciens de la planète nous aident à vivre mieux

Plus je vis, plus la vie devient plus belle.

Frank Lloyd Wright

En lisant ces lignes, quelque part dans les eaux chaudes, limpides, au large de la côte de l'Australie, un grand dauphin femelle d'âge mûr nage avec sa fille. C'est l'heure du dîner. Mais maman, au lieu de donner la chasse aux poissons dans l'étendue d'eau comme elle le fait habituellement, nage vers un récif d'éponges se développant au fond de l'océan. D'un mouvement habile, elle casse un bout d'éponge, avant de bien le caler sur son bec, son rostre. Il est difficile de ne pas se demander ce que cette jeune femelle curieuse, attentive, pourrait penser de tout cela. *Tu vas manger cette éponge ? On va jouer ?*

L'éponge bien calée sur son bec, le dauphin mère commence à en balayer, d'avant en arrière, le fond de l'océan. Elle est à la recherche de poissons dont c'est l'habitat, comme le serran de sable, caché dans le lit de la mer sous des couches sableuses. L'éponge calée sur son rostre lui permet de les balayer sans se blesser sur des bris de corail, ou s'exposer à la piqûre d'un autre résident du fond, le poisson-scorpion. Le travail supplémentaire nécessaire pour attraper un poisson comme le serran de sable en vaut la peine, car les habitants du fond tendent à être plus gras. Et pour un dauphin, plus gras signifie plus nutritif.

Comme on pouvait s'y attendre, en à peine cinq minutes, un serran de sable est débusqué. Le poisson file sur quelques mètres puis hésite – attendant un moment avant de s'enfouir à nouveau dans le sable. Lors de cette brève pause, le dauphin adulte se débarrasse de l'éponge, fait surface pour respirer, puis replonge et attrape le serran avant qu'il n'ait eu le temps de se renfouir. Puis elle le passe à sa fille. Et ainsi, le jeune dauphin n'a pas qu'obtenu un bon repas, mais, plus important encore, a appris une technique de chasse très efficace – qu'elle transmettra des années plus tard à sa progéniture.

Entre-temps, dans un autre océan, à 16 000 km environ vers le nord-est, des orques dans les eaux glaciales de l'Arctique font la démonstration de certaines de leurs bonnes astuces de chasse. Ayant repéré un lion de mer sorti de l'eau, sur un petit glaçon, trois orques adultes arrivent côte à côte, à une quarantaine de mètres de distance. Comme à point nommé, elles nagent rapidement vers lui, parfaitement à l'unisson, en s'immergeant ensemble à la dernière minute, à environ un mètre du bord du glaçon. Le résultat est spectaculaire. Les corps plongeant des trois orques produisent une rangée de grosses vagues circulant rapidement, dont le roulis traverse le glaçon en surface, faisant basculer le lion de mer dans l'eau. Une jeune orque à proximité observe le déroulement de la scène. Et elle ne l'oubliera pas.

Et ce n'est que l'une de nombreuses bonnes astuces qu'une jeune orque observera et apprendra. À moins de 2 km de distance, cinq orques sont occupées à coordonner ensemble une action encore plus compliquée. Deux d'entre elles s'éloignent d'au moins 90 m, font demi-tour, puis commencent à battre l'eau de leur énorme queue. Le bruit de ces battements, audibles à une centaine de mètres au moins sous la surface, alerte de leur présence les poissons à proximité ; en un rien de temps, ceux-ci se mettent à circuler en file, loin du bruit, sans savoir qu'ils sont essentiellement ainsi rabattus par les orques. Entre-temps, à distance, les trois autres orques se sont regroupées dans les profondeurs. Précisément au bon moment, elles soufflent ensemble un gigantesque filet de bulles d'air qui remontent à la surface et, un court instant, piègent en fait les poissons, les retenant le temps que d'autres orques arrivent et s'en nourrissent.

Dans le monde entier, sur chaque continent et dans chaque océan, la sagesse est transmise des adultes mûrs aux moins expérimentés. Les suricates apprennent à leurs petits comment prendre les scorpions dont ils raffolent sans se faire piquer. Les chefs chez les chimpanzés calment leurs congénères qui n'ont pas eu le dernier mot dans des disputes houleuses avec leurs cousins, restant assis avec eux le temps que leur colère s'apaise. Les chefs chez les loups guident les membres les moins expérimentés de leur meute sur des kilomètres de reliefs accidentés de montagne – et lorsqu'ils finissent par trouver des wapitis, ils leur montrent comment chasser, en évitant de prendre des coups et risquer d'être blessé ou tué.

Les orangs-outans de Sumatra plus âgés apprennent à leur progéniture le travail complexe consistant à construire correctement un nid où dormir dans les branches des arbres – une formation se prolongeant parfois sur quatre ou cinq ans. Même les fourmis peuvent être considérées comme des professeurs. Quelque part dans un lopin herbeux en France, une fourmi des rochers femelle a localisé une précieuse source de nourriture à 9 mètres environ du nid. De retour à celui-ci, elle attire l'attention de l'une de ces jeunes congénères, et, au service du partage des friandises, entreprend de la conduire à cette source. Tandis que les deux s'y rendent, la guide fait une pause de temps à autre pour que celle qui la suit ait le temps de se repérer – d'assimiler les points de repère verticaux ; ainsi, l'élève mémorise le parcours, ce qui lui permettra de revenir plus tard seule à cette source de nourriture. À la fin de chacune de ces petites pauses, lorsque la fourmi qui suit s'est complètement orientée, elle tapote sa guide dans le dos, et les deux reprennent leur route.

Dans la nature, les cultures animales les plus puissantes sont celles qui équilibrent l'énergie et la force de la jeunesse, avec l'expérience de ceux engagés dans le jeu de la vie depuis de nombreuses années. Plus l'espèce est sociable, plus précieux sont les chefs d'âge mûr – ceux qui peuvent appliquer leur expérience à toute une diversité de besoins au sein de leur communauté. Il s'agit donc d'un leadership basé non pas essentiellement sur la domination, mais sur la réputation et les compétences relationnelles. Sur le statut.

Comme les cheffes éléphantes. Celles qui dirigent le troupeau ont des dizaines d'années d'expérience, apprenant non seulement les principes fondamentaux de la survie – des détails pratiques, par exemple, comment trouver de l'eau pendant une sécheresse –, mais aussi en traitant les problèmes de personnalité et de comportement entre les éléphants. Il faut des années d'attention assidue pour qu'un éléphant apprenne ce qu'il doit faire lorsque deux individus du troupeau, ou même deux groupes, ne s'entendent pas. De même, pour apprendre comment diriger au mieux les plus jeunes membres plus agressifs lors d'une rencontre avec une troupe de lions, ou d'autres éléphants.

Il n'est pas surprenant que l'absence d'une telle sagesse fiable puisse entraîner des dommages au sein de la communauté – de tout type, de l'anxiété sans fondement, à l'éducation négligée des petits, ou à une extrême agressivité. Un certain nombre d'années plus tôt, un groupe d'éléphants mâles d'Afrique du Sud, orphelins dans leur jeunesse, grandirent en étant extraordinairement agressifs, s'engageant dans des bagarres où ils n'avaient rien à faire

– et, incroyablement, tuant plus d'une centaine de rhinocéros en dix ans.

Des années plus tard, un brillant travail de recherche par des psychologues à l'université du Sussex, au Royaume-Uni, révéla comment la perte de la sagesse des anciens parmi les éléphants pouvait produire de profonds ratés chez les jeunes. La recherche fut effectuée sur un autre troupeau de mâles dans le parc national Pilanesberg, en Afrique du Sud, qui, dans les années 1980 et 1990, s'étaient retrouvés orphelins, une grande partie de leur troupeau ayant été abattu par les hommes. Les scientifiques voulaient comparer les compétences sociales de ce groupe particulier à celles d'un troupeau d'éléphants dans le parc national Amboseli, dans le sud du Kenya, où les jeunes avaient gardé toutes leurs relations familiales.

Chaque groupe d'éléphants fut exposé à des enregistrements audio de différents appels vocaux – ceux qui leur étaient propres, ainsi que ceux d'éléphants qu'ils ne connaissaient pas. Les appels de ces étrangers venaient d'éléphants d'âge et de taille très variables, ce qui signifiait essentiellement que chaque voix aurait transmis un statut social différent dans le troupeau. Les chercheurs enregistrèrent avec du matériel audiovisuel les réactions du troupeau, en prenant particulièrement note de son comportement en cas de menaces perçues, quand les éléphants se regroupaient, ainsi que l'étendue de leurs comportements lorsqu'ils cherchaient à détecter une odeur ou tendaient l'oreille.

Les résultats des éléphants d'Amboseli, dont les familles étaient indemnes, étaient meilleurs quand il s'agissait de distinguer les voix familières de celles inconnues, saisissant ce qui aurait pu être en fait un danger que présentaient des animaux étrangers au troupeau. Ils purent également distinguer des éléphants inconnus d'âge différent, montrant, de manière appropriée, davantage de prudence – et de réactions défensives – en entendant des animaux plus âgés. Cette capacité seule – saisir le statut d'un éléphant inconnu – est critique pour des créatures qui vivent au cœur d'un réseau social complexe, entrant en contact comme ils le font avec des centaines, voire des milliers d'individus. Ce qui est essentiel pour minimiser les conflits.

Cependant, les éléphants orphelins de Pilanesberg n'avaient aucune de ces capacités. Ils étaient incapables de distinguer un allié d'un ennemi potentiel, ainsi que les chefs plus âgés des animaux plus jeunes, moins dominants – des manques pouvant avoir des conséquences fatales dans la nature.

Ce que cette recherche ne pouvait pas encore nous dire, c'est si de telles déficiences, et la considérable anxiété qui en découle, avaient laissé les éléphants de Pilanesberg incapables de connaître le contentement au sein de leur propre communauté. Qu'est-ce qui pourrait manquer dans la vie de ces animaux d'une telle intelligence extraordinaire en n'ayant aucun ancien pour leur enseigner comment et à qui faire confiance ? Les incertitudes au sein du troupeau de Pilanesberg les laisseraient-elles la plupart du temps dans une sorte de vigilance tendue, enclins à la peur et à l'agressivité ? Cela pourrait-il avoir des effets sur le long terme sur leur santé, comme c'est le cas chez l'homme ? Est-il possible qu'une telle anxiété puisse même modifier la chimie du cerveau de leur progéniture, tout comme l'épigénétique montre que le traumatisme chez l'homme peut être transmis d'une génération à la suivante ?

La nature fonctionne en donnant aux membres les moins expérimentés d'une communauté la chance de puiser librement dans la sagesse de leurs aînés – apprenant d'eux les connaissances essentielles pour subvenir à leurs besoins, se préserver, se rendre d'un endroit à l'autre. Et même comment gérer la colère et le chagrin. Ce transfert de connaissances essentielles est ce qui permet à la communauté de rester extrêmement soudée. Et au bout du compte, c'est ce qui donne à toutes les espèces de bonnes chances de développer la forme physique nécessaire pour leur survie sur le long terme.

Il est relativement facile d'apprécier la valeur des anciens dans le monde animal. Mais il s'avère que la maturité peut être tout aussi de grande valeur dans une forêt. Alors que de vieux arbres pourraient enseigner d'une tout autre façon ce que ce mot signifie pour nous, ils partagent et communiquent vraiment, et ces actions sont exclusivement au service de leur communauté.

Pour nous intéresser de plus près à ce type de partage propre aux anciens, pourquoi ne pas aller voir un matin les magnifiques séquoias toujours verts, ou à feuilles d'if, de la Californie du Nord ? L'ombre serait profonde, douce, avec des bancs de brouillard bas embrassant les cimes des arbres les plus vieux, les plus hauts. Nés à l'origine d'une graine d'à peine trois centimètres de large, ces séquoias ont poussé pour atteindre des proportions sidérantes – plus de trente étages de hauteur, et pesant six mille tonnes américaines. Ayant germé au tout début des années du christianisme, ils font partie des formes de vie sur la planète vivant le plus longtemps.

Bien que relativement répandus, de nos jours, les séquoias à feuilles d'if ne vivent qu'au bord tout à l'ouest du continent nord-américain. Mais même dans cette région, l'humidité issue de la pluie ou de la neige ne correspond qu'à la moitié de ce qui leur est nécessaire pour vivre. Afin de compenser, les séquoias ont appris à prélever les minuscules gouttes d'humidité qui roulent régulièrement sous forme de brouillard sur cette partie du continent. Et c'est souvent le plus haut de ces arbres, le plus ancien, qui réussit, lors du passage des nuages bas, à récupérer la majeure partie de ce brouillard. Cela les garde forts et en bonne santé, en mesure de nourrir et de stabiliser toute la forêt, en créant ce faisant les conditions idéales pour les jeunes plants de séquoia, bon nombre venant de commencer leur longue et patiente ascension vers le ciel.

Vous vous rappellerez sans doute cette petite balade de ma maison d'enfance à South Bend, dans l'Indiana, dans la forêt de chênes près de la rivière Saint-Joseph. Au moment où ces arbres robustes sont occupés à communiquer les uns avec les autres par l'intermédiaire de réseaux fongiques aussi incroyablement complexes qu'efficaces, il en est de même chez ces séquoias. En effet, chaque fois que l'on fait un pas sur le sol meuble parsemé d'aiguilles sous ces géants, directement sous cette unique empreinte de pas, il pourrait y avoir l'équivalent de 16 km de filaments microscopiques fongiques tissés dans la terre.

Les anciens en bonne santé de cette forêt de séquoias sont des utilisateurs constants, généreux, de ce réseau. Une année donnée, les grands arbres feront d'innombrables livraisons en express par cet intermédiaire – bon nombre à destination d'arbres plus jeunes, non seulement vulnérables à la maladie, mais aussi, en raison de leur taille et des conditions de croissance, moins à même de trouver le carbone qui leur est nécessaire pour se développer. Dans certains cas, les anciens arbres pourraient même se servir du réseau pour inciter les jeunes à activer des caractéristiques génétiques utiles, comme une plus grande résistance à la sécheresse.

Il y a plusieurs années, Suzanne Simard, professeure d'écologie forestière à l'université de la Colombie-Britannique, une pionnière dans la recherche sur ces réseaux de filaments fongiques, le mycélium, posa une question intrigante. Alors qu'il est évident que les arbres communiquent et échangent des marchandises entre espèces, se pourrait-il aussi qu'un arbre ancien soit particulièrement enclin à s'occuper des jeunes membres de sa famille ? Selon les recherches de Suzanne Simard, c'est précisément ce qui se passe. Les réseaux mycéliens les plus étendus, les plus dynamiques, sont ceux entre les anciens et leurs jeunes parents. De surcroît, ayant la capacité de sentir leurs jeunes par le biais de ces connexions, les vieux arbres pourraient même réduire leur système racinaire, leur faisant ainsi davantage de place pour se développer.

Suzanne Simard dit aussi que si un ancien arbre est malade ou mourant, il enverra des doses supplémentaires de son carbone aux jeunes arbres de sa famille, et simultanément, pourrait aussi contribuer à la stimulation de leurs mécanismes de défense. Ce cadeau de carbone supplémentaire et de résistance accrue à la maladie dynamise les jeunes arbres, les préparant à mieux faire face aux multiples formes de stress qu'ils ne manqueront pas de rencontrer dans leur longue vie. De telles actions par les arbres-grands-parents sont si importantes, explique Suzanne Simard, que les petits arbres sous leur canopée ont trois, voire quatre fois plus de chances de survivre que des jeunes plants moins en relation.

« Les arbres parlent, dit Suzanne Simard. Par des conversations en va-et-vient, ils accroissent la résilience de l'ensemble de leur communauté. » Et une fois sur deux, ce qui est le meilleur, le plus utile dans cette conversation vient des anciens.

Dernièrement, ces vieux arbres nous parlent aussi, à nous les hommes. Des méthodes récemment développées pour prélever des échantillons au cœur du bois de séquoias (sans leur nuire) permettent aux climatologues d'évaluer la quantité de pluie et de brouillard lors d'un certain été dans le passé. Ils seront finalement peut-être plus en mesure de rassembler des données remontant à un millier d'années. Ce qui est intrigant à ce sujet, c'est que la présence du brouillard est étroitement liée aux températures à la surface de l'océan. Si on peut dire quelle quantité de brouillard s'est produite un été donné dans le passé, on acquerra une compréhension plus profonde des schémas de circulation océanique naturelle sur le long terme. Ce qui, à son tour, nous permettra probablement de mieux comprendre l'étendue du changement climatique dont l'homme est responsable.

De nombreuses cultures autochtones du monde entier se sont référées aux arbres en les appelant les « gardiens des histoires ». Ils ont tant de choses à nous raconter. Pas seulement ce qui s'est passé autrefois, comme des sécheresses prolongées, ou le flux et le reflux de ce que l'on appelle de petits âges de glace, quand le climat s'était rafraîchi quelque temps. Les plus vieux arbres ont aussi beaucoup à dire sur une forte croissance. Sur la façon dont un être prospère en subissant les affres des inondations, des feux de forêt et des vents rugissants.

Ici, dans le monde humain, nous avons tendance à nous tourner vers les parents, les tantes, les oncles et les professeurs, qui passent tous pas mal de temps à nous apprendre comment nous frayer un chemin dans la vie quotidienne. Ils nous apprennent ce que sont le travail, les responsabilités, et à bien nous entendre avec les autres. Ils essaient de nous envoyer équipés de ce genre de compétences nécessaires à l'âge adulte pour prospérer dans le vaste monde.

Mais au-delà d'apprendre comment faire des calculs, conduire une voiture, investir son argent et gérer un collègue susceptible, la nature a produit en nous un niveau élevé de conscience – une capacité à la réflexion, à la délibération et à l'empathie, qui nous laisse face au défi de faire notre chemin, non seulement dans le monde extérieur, mais aussi dans le vaste monde intérieur. Et être en mesure de comprendre ce voyage intérieur est fermement lié à certaines préoccupations vraiment d'ordre pratique, comme la santé personnelle, et même la longévité. Pour ce passage humain intérieur, la nature nous demande de développer de la résilience émotionnelle, pour apprendre comment reprendre pied après chagrins et revers. Elle nous demande de développer notre intuition, puis, en fait, de nous y fier. D'avancer face à la peur. De comprendre comment nager dans la dépression sans s'y noyer.

Comme cela se vérifie chez de nombreuses espèces animales, chez les êtres humains, beaucoup peut être appris de ceux d'entre nous ayant de nombreuses années à leur actif. Mais, attendez, pourriez-vous penser. Votre monde est complètement différent de celui où vivaient dans leur jeunesse des gens de l'âge de vos parents ou de vos grands-parents. C'est vrai. Mais bon nombre de ces différences ne se situent dans rien de plus que les privilèges de la technologie. Et même la technologie, au point qu'elle peut submerger, sur-distraire et sur-isoler, vous fera atterrir dans des lieux obscurs pas si dissemblables, en fin de compte, de ceux où faisaient leur chemin il y a bien longtemps ceux qui vous ont précédé. Ce qui constitue la quintessence de qui nous sommes en tant qu'êtres humains est, à la base même, plutôt stable. Et sans aucune aide de nos aînés, nous risquons de finir comme ces éléphants orphelins du parc national de Pilanesberg : en difficulté, n'y connaissant rien et seuls.

De retour à la fin des années 1990, j'entrepris ce voyage de deux mois, de presque 6 500 km sur ces grandes routes indiquées en bleu sur les cartes, dans mon vieux minivan Chevy – celui-là même qui m'avait mené auparavant à la résidence spectaculaire de Frederic Church surplombant le fleuve Hudson. À partir de là, j'ai voyagé jusqu'à l'État du Maine, puis je suis descendu vers les États de la Caroline, pour remonter dans la région forestière de North Woods, et finalement, traverser les Grandes Plaines, avant de rentrer à la maison dans les Northern Rockies. Le long du parcours, j'ai eu des dizaines de conversations avec des gens, bon nombre d'entre eux plus âgés, qui avaient en quelque sorte compris comment bien vivre en accord avec les enseignements de la nature. Ce projet se présenta à un autre moment difficile dans ma vie. Et en raison de cela, j'essayais de profiter de chaque rencontre, m'efforçant de vraiment comprendre comment les grands espaces avaient apporté la paix à ces anciens, et consolidé leur résilience. Je me dirigeais vers le nord, loin des braillements de l'est du Tennessee, et je devais m'arrêter une dernière fois dans le Midwest avant de me rendre dans la région de North Woods. C'était au centre de ma vieille ville natale de South Bend, dans une petite maison blanche dans la rue où j'avais grandi. Directement à côté de la maison de mon enfance, en fait – les deux maisonnettes séparées par un ruban d'herbe large de trois mètres.

Je frappai à la porte, et après quelques secondes, j'entendis un bruissement par les fenêtres ouvertes. Puis la porte s'ouvrit, et une belle femme de 93 ans, dépassant encore les 135 kg, se présenta, appuyée sur sa canne, souriante, m'invitant à entrer d'un ample geste de son bras aussi dodu que bronzé.

– Je suis en train de laver mes murs, me dit Pearl, sans doute en réponse à l'expression dubitative qu'elle vit dans mon regard, quand je remarquai l'échelle dressée sous le passage voûté entre son salon et sa cuisine minuscule.

J'insistai pour l'aider, mais elle ne voulut rien entendre. Me dit que si elle arrêtait de bouger, elle ne pourrait jamais s'y remettre.

– En plus, dit-elle, essoufflée, souriant tout ce temps, je veux que ce soit fait correctement !

Nous allâmes nous asseoir sous son porche vitré, d'où l'on pouvait voir d'un bout à l'autre la rue, qui, à part quelques vieux arbres qui en avaient disparu, avait très peu changé. Elle me dit que le lendemain, elle prendrait le volant pour se rendre dans le Michigan, pour aider sa nièce à mettre en conserve cinquante litres de tomates.

Pearl a été la voisine directe de ma famille pendant trente-cinq ans. Peut-être parce qu'elle et son mari n'avaient pas d'enfants, elle nous avait pris en charge, mon frère et moi, avec un amour dont je soupçonne que même les relations de sang connaissent rarement – inconditionnel, un puits aussi lumineux que sans fond. Assis là avec elle à présent, je repense à la façon dont elle me demandait de venir pour l'aider à faire des cookies, et comment la farine et le sucre volaient dans toute la pièce, tout comme la graisse giclait partout quand elle préparait ses célèbres pommes de terre sautées dans une gigantesque poêle noire en fer, comme si la nourriture serait moins une célébration, en quelque sorte, s'il n'en restait pas un peu de désordre. Ayant personnellement grandi dans une maison où l'ordre était quasiment une religion, son enthousiasme à mettre le bazar était en soi une raison pour moi de l'aimer. « Toi et Jim, vous êtes toujours de bons garçons », avait-elle l'habitude de nous dire. Elle me le redit encore aujourd'hui. Elle le croit tellement, le dit de tout son cœur, que même si je suis plus avisé, je ne peux m'empêcher de penser que ce pourrait être vrai.

Pearl avait grandi juste au nord, à Buchanan, dans le Michigan, une enfance difficile, mais elle était si amoureuse des grands espaces qu'à l'âge de 9 ans, elle n'arrêtait pas de fuguer, prenant la direction avec sa canne à pêche de son lac préféré où elle pourrait oublier le monde, et simplement pêcher. Peu importait la punition que ses parents lui administreraient, cela ne la garderait pas éloignée de ce lac bien longtemps. Plus tard, à part se rendre régulièrement dans le Michigan pour chasser, à la quarantaine, elle et son mari avaient acheté une minuscule maison près du lac Wawasee. À partir de là, tout l'été et bien tard dans l'automne, ils passaient chaque jour de congé de leur travail à l'usine à monter dans leur bateau à moteur respectif, pour partir plusieurs heures, leurs lignes de pêche dans l'eau. Durant quelques années, mon frère et moi, nous restions avec eux une semaine, en juillet ou en août, sortant tous les deux chaque jour à 17 h 30, Jim avec Merle, et moi avec Pearl. Je n'aimais même pas pêcher tant que ça à l'époque. Mais j'adorais pêcher avec elle.

Peut-être était-ce la récompense de Dieu pour son bon cœur, ou une sorte de compensation pour la dure vie qu'elle avait vécue, mais Pearl avait une façon étonnante de ramener les poissons, avec une espèce de succès quasiment inconnu, si ce n'est dans les miracles bibliques. Elle était déjà une femme corpulente à l'époque, et la voir dans sa robe en coton déchirée, tachée de vers, sauter dans ce bateau minuscule pour se battre avec un gros bar, un crapet arlequin ou une perche, accrochés à l'une ou plusieurs de ses trois cannes à pêche qu'elle utilisait en permanence – eh bien, pour un gamin de 10 ans, c'était comme être assis aux pieds d'un chamane tournoyant pour faire tomber la pluie, et qui y parvenait toujours. Une frénésie sacrée d'appâts, de lancers et de poissons hameçonnés.

Jusqu'à ce jour, avoir observé Pearl sur ce lac demeure parmi les choses les plus incroyables, illogiques, dont j'ai jamais été témoin. Parfois, comme attirés par un aimant, des pêcheurs se rapprochaient en bateaux le plus près de nous qu'ils le jugeaient approprié. Ils dansaient sur l'eau une heure ou deux, sans rien attraper du tout, avant de mettre le moteur en marche et de s'en aller en faisant la tête. Une fois, un garçon d'environ mon âge était dans un bateau à proximité. Comme tant d'autres, il n'avait pas plus de chance, et comme il devait souffrir en étant témoin de l'une des récoltes incroyables de Pearl à moins de trente mètres de là. Finalement, il releva les yeux pour voir l'un de ses poissons casser la ligne et s'échapper avant qu'elle ait pu le rattraper. « Bien ! », cria-t-il. Ce qui fit rire Pearl si fort qu'elle en était pliée en quatre.

– Ç'a été les moments les plus heureux de ma vie, dit-elle.

Je lui racontai mon voyage, lui parlant du wigwam en écorce de bouleau que j'avais construit en aidant un ancien Pentagouet, des magnifiques tableaux que j'avais vus dans la belle demeure surplombant le fleuve Hudson, de l'orignal dans le Maine, et même de l'alcool de contrebande que j'avais bu avec un vieux fermier dans les collines du Tennessee. Je lui dis qu'à partir d'ici, j'allais remonter vers le nord, dans des régions où elle avait l'habitude d'aller chasser, en suivant certaines de ces mêmes routes qu'elle prenait, des routes qu'avait aussi suivies ma famille, lors d'une poignée de vacances précieuses dans la région boisée de North Woods.

Par-dessus tout, cependant, je lui dis que je souhaitais qu'elle grimpe dans le minivan pour venir avec moi. Ainsi, elle pourrait me montrer les champs où elle récoltait des fraises pour cinquante cents par jour, ou m'indiquer les bois à l'arrière de la maison de son frère, où elle avait l'habitude d'aller ramasser des champignons. Comme j'aurais aimé que nous puissions trouver ce lac où elle n'arrêtait pas de fuguer enfant, ou un autre pas très éloigné, où elle dit qu'elle avait l'habitude de s'asseoir sur un rondin sur la rive avec sa belle-sœur, simplement pour écouter les oiseaux chanter.

Avant que je parte, elle se rendit au sous-sol, puis remonta dix minutes plus tard avec une caisse pleine de condiments, de confitures de raisin, de betteraves et de haricots de Lima en conserve faits maison, un paquet de côtes de porc de la part de sa nièce Margaret, quatre boîtes de préparation pour entremets à la vanille, et un demi-sac de biscuits Newtons à la fraise. Elle me fournissait des provisions pour le voyage vers le nord.

– Bon, écoute, dit-elle d'un ton sévère, face à mes objections, j'ai bien plus que je ne pourrais jamais manger là en bas. Prends ça, un point c'est tout. Tu vas en avoir besoin.

Pour finir, elle alla dans un coin de sa cuisine, où, à côté du réfrigérateur, elle avait posé contre le mur sa canne à mouche en bambou et son moulinet datant de 1930. La prenant précautionneusement, elle me la tendit avec un grand sourire.

– Tiens, dit-elle. C'est pour toi.

Pearl n'était pas croyante dans le sens traditionnel, préférant rendre visite au Créateur en surveillant ses flotteurs au milieu du lac Wawasee. Mais elle avait su se soutenir dans l'existence grâce à deux notions de poids – et qu'elle m'a tranquillement transmises. Premièrement, c'est que la peur a peu de place pour se développer chez ceux qui continuent simplement à avancer au jour le jour. Deuxièmement, qu'une telle persévérance est alimentée par la gratitude. Clairement, elle avait su gérer tout cela – la persévérance comme la gratitude – grâce à de bonnes doses régulières de nature.

Les défis auxquels Pearl avait été confrontée – une grande pauvreté, mais aussi la maltraitance physique – l'avaient incitée à faire très attention au monde qui l'entourait. L'attention en tant que compétence de survie. Mais elle apprit aussi à tourner cette attention vers la nature, se nourrissant du calme et de la beauté qu'elle y avait trouvés, ce qui lui permit de continuer à avancer. Simultanément, du moins d'après ce que j'ai pu reconstituer ce jour d'été, assis avec elle sous son porche, l'abondance de sa gratitude venait en partie du fait d'avoir connu la nature comme étant une source d'abondance illimitée. À partir de là, elle avait passé quatre-vingt-dix ans à regarder les magnifiques potagers émergeant chaque année de la terre de son jardin, ou celui des membres de sa famille. Et d'autant plus puissants, c'étaient ces longs étés doux au lac Wawasee, quand les poissons ne faisaient que sauter dans son bateau pour la nourrir. Je pense que Pearl était si généreuse parce que la nature lui avait enseigné que c'était une bonne attitude à adopter.

À 160 km environ au nord de South Bend, je me surpris à repenser à la canne à mouche de Pearl. Et à la caisse de nourriture posée au sol, en souhaitant vraiment qu'elle m'ait accompagné, ainsi, j'aurais pu m'arrêter en route dans quelque parcelle boisée, et lui préparer un copieux repas, comme elle avait l'habitude de le faire pour moi. J'aurais allumé le brûleur du réchaud de camping au maximum, tourné les côtes de porc et laissé simplement la graisse gicler partout.

Pearl est décédée paisiblement à l'âge de 102 ans. Mais elle a laissé en moi une lumière qui brille encore. Pearl m'a aidé à ne pas céder à la tentation d'ériger des murs. De trop me complaire dans mes drames personnels. Et à toujours pratiquer l'art de regarder en soi, en regardant à l'extérieur de soi.

Les enseignements dans ce livre se rapportent en partie à la santé. À la sagesse. À la gratitude et au contentement. Il est vrai que nous, les hommes, nous avons l'étrange capacité de trop consommer, de trop nous en prendre les uns aux autres avec une certaine arrogance, en nous imaginant avec exagération que c'est une question de survie. Cependant, la nature nous a donné la capacité miraculeuse d'apprendre ce qui rend les choses dans le monde fortes, gracieuses et pleines de vitalité, puis d'accueillir en nous ces mêmes qualités. Faisant ainsi augmenter les possibilités de sauver le monde à partir des indices venant de ces choses mêmes que nous essayons de sauver.

Nous avons le grand don naturel d'être l'une des espèces capables d'apprendre au cours de toute une vie. Ce qui peut rendre la vieillesse particulièrement puissante. La science émergente de la neuroplasticité du cerveau – qui se concentre sur sa capacité à se réorganiser – a eu raison des vieilles opinions sur les limites de l'apprentissage. Durant de nombreuses dizaines d'années, on pensait que le cerveau, quand on avait atteint l'âge de 18 ans, était complètement formé et immuable, avant de commencer à dégénérer à 45 ans. Nous savons maintenant qu'apprendre et changer de comportement peut se produire au cours de notre vie.

Tout le monde commence avec un cerveau débordant de « potentiel plastique ». Mais ce qui peut faire de notre moi originel une piètre caricature rigide, c'est la quantité de répétitions quasi constantes, étroitement focalisées, dans notre vie : le même trajet, les mêmes tâches en général dans notre journée de travail, les mêmes émissions télévisées le soir. C'est pourquoi la nature, avec son mystère infini et son imprévisibilité insondable, est si remarquablement bénéfique à votre cerveau. Et c'est pourquoi vous êtes prêt à assimiler plus en profondeur les enseignements de ce livre, pour vous offrir le cadeau d'entrer vraiment en relation avec le monde naturel.

Ce que vous pourriez finir par créer, c'est une chaîne de réactions merveilleusement positives. Dehors, dans la nature, votre cerveau devient plus actif, plus vif. Et ce cerveau plus vif, à son tour, peut changer profondément ce que vous êtes en mesure de voir et de vivre comme expérience dans le monde en général. Comme Anil Seth, un neuroscientifique à l'université du Sussex, au Royaume-Uni, l'exprime : « Nous ne recevons pas simplement le monde passivement. Nous le générons activement. » Et lorsque les matériaux bruts permettant de favoriser notre compréhension de la vie viennent de la nature, nous avons le potentiel d'une vitalité durable. Le monde naturel qui nous entoure s'avère être l'un des meilleurs moyens de prendre soin du monde intérieur, préparant chacun de nous à la capacité d'être chez soi avec soi-même, ainsi qu'une ressource précieuse pour tout un chacun dans notre entourage.

La sagesse des anciens peut tous nous aider à commencer à regarder le monde qui nous entoure avec des yeux et un cœur réceptifs au pouvoir essentiel de l'interdépendance et de la diversité. Elle peut nous enseigner l'élégante efficacité d'être mieux à même de faire les bons choix dans des circonstances toujours changeantes. Guidés par ceux qui ont fait leur chemin au fil des décennies, nous pouvons évoluer dans le monde naturel comme dans notre vie quotidienne, sans avoir à tout connaître, capables d'accueillir le mystère de tout ce qui le constitue. Nous pouvons apprendre comment traverser le feu, et à partir de cet incendie, comment devenir d'autant plus forts.

La vieillesse s'exprime chez les hommes, les éléphants, les chimpanzés et les loups, et chez tant d'autres, comme une période de la vie reposant sur le pouvoir de la relation. De la parenté. Notablement, en majeure partie dans la société humaine, la notion de parenté ne se limite pas aux liens du sang. Cela se rapporte également aux liens noués avec les personnes qui partagent simplement notre vie – celles avec qui nous mangeons, travaillons, pleurons, élevons nos enfants. Dans certaines cultures, ce sentiment de communauté comprend même des personnes depuis longtemps disparues ; en celles et ceux composant ces cultures émerge une gratitude du fait qu'indépendamment de leurs propres accomplissements, ils se reposent totalement, et pour toujours, sur les épaules de celles et ceux qui les ont précédés.

Chez le peuple Ku-Waru de Nouvelle-Guinée, les liens de parenté se présentent par ce que l'on appelle *kaopong*, dont on dit qu'il s'agit d'une substance provenant de la terre. Et alors que le sperme d'un père et le lait d'une mère contiennent du *kaopong*, il en est de même des patates douces cultivées localement, et des cochons élevés dans le village. Le simple acte de partager ces aliments crée des liens de parenté, pas moins que ceux unissant un enfant à la mère qui lui a donné naissance.

Notre tâche maintenant, avec l'aide des enseignements majeurs de la nature, et également, des anciens les plus sages parmi nous, les hommes, consiste à développer nos notions de parenté. De dépasser les liens du sang et les ressources accessibles à tous, au-delà même des espèces, pour entreprendre un partage à la fois humble et assez fort pour honorer la Terre, et toute la vie qu'elle accueille.

À ce moment-là, nous pourrions nous retrouver une fois encore à tendre l'oreille pour mieux entendre les chants retentissants des oiseaux et les croassements marmonnants des grenouilles. En ressentant les ondes fiables de la gratitude qui viennent de savoir que, quoi qu'il puisse arriver, nous sommes encore ici, les loups, les lions, les faucons et les hommes, chacun d'entre nous, à sa façon, se levant le matin, le visage tourné vers le soleil.

ÉPILOGUE

La beauté de la nature détient chaque enseignement

La beauté sauvera le monde.

Fiodor Dostoïevski

Nous sommes maintenant prêts. En mesure chaque nouveau jour de nous rapprocher peu à peu d'une vision de la nature plus complète. Une vision reposant sur la merveille de nos découvertes scientifiques, sur le confort de la relation et de l'interdépendance, et finalement, sur le mystère de tout ce que nous ne savons pas. Un monde merveilleusement désordonné.

Un automne, ayant entendu qu'un invité spécial allait le lendemain faire une visite au temple, le jardinier se leva bien avant l'aube pour se mettre à couper chaque branche, tailler chaque arbuste, ratisser toutes les feuilles tombées, et couper chaque brin d'herbe jusqu'à ce que, finalement, proche de l'épuisement, il s'installe confortablement pour admirer son ouvrage. Bon, il se trouve qu'à ce moment-là, un vieux prêtre zen arriva près du mur du jardin et s'arrêta en regardant le jardinier. Heureux de la chance de pouvoir partager ses accomplissements, celui-ci l'invita à entrer pour les regarder de plus près.

– Qu'en pensez-vous ? dit-il, radieux. N'est-ce pas splendide ?

– Presque, dit le vieil homme, en s'approchant de l'un des arbres au milieu du jardin, où il posa les mains sur le tronc et le secoua avec acharnement, faisant tomber des feuilles sèches et de petites brindilles sur la pelouse coupée et les sentiers récemment ratissés.

– Bon, dit le prêtre. Bon, oui, votre jardin est vraiment magnifique.

La beauté. Simple et épurée. Et simultanément, changeante, désordonnée, chaotique.

Comme Elaine Scarry, professeure d'esthétique à Harvard, le fait observer, alors qu'il y a plein de choses dans la vie qui nous rendent très heureux, et plein d'autres qui nous donnent le sentiment d'être marginalisés, la beauté a l'extraordinaire capacité de donner ces deux impressions. Chacun de nous tombe fréquemment en chute libre en pensant à tort que nous sommes le centre de notre monde. La beauté se tient toujours prête à nous soulager de cette pesante illusion.

La beauté nous met non seulement sur la touche, dit Elaine Scarry, mais elle nous rend très heureux d'y être.

Ce sentiment d'être sur la touche, et cependant, d'en être heureux, est précisément comment la beauté du monde naturel nous permet de nous sentir soudainement et essentiellement liés à elle. La beauté de la nature n'est pas seulement une rampe de lancement pour ruminer sur notre vie personnelle, mais plutôt un petit coup de coude pour nous faire sortir gaiement de notre égocentrisme, et entrer dans l'émerveillement d'en faire partie intégrante, à part entière. Lorsque la beauté du monde naturel retient votre attention, les murs d'une psyché anxieuse reculent – même faits des pierres dures, denses, de la perte et de la tristesse. De nombreux philosophes au cours de milliers d'années ont maintenu que l'expérience de la beauté correspond à ce qui nous incite à guérir les blessures du monde. Cela ne fait aucun doute. Mais il s'agit aussi d'un appel pour guérir ce qui a été blessé, ce qui a été perdu dans notre conscience, en chacun de nous.

Quand il s'agit de la beauté, vous savez ce que vous savez. Vous ressentez ce que vous ressentez. Certaines de nos plus puissantes expériences remontant tôt à l'enfance reposent sur le ravissement de percevoir les formes et la symétrie dans la nature – le mouvement ample et la couleur des ailes, les motifs des feuilles, les ondes concentriques des pierres lancées dans un étang, les pétales et les pistils rayonnants se déployant en anneaux de couleurs vives du cœur des fleurs dans la jardinière. Pour certains, ces gracieuses facettes du monde naturel deviennent une source d'énergie créative le reste de leur vie. Comme pour Isadora Duncan. Enfant, la célèbre chorégraphe était attirée encore et encore par les rythmes tranquilles, fluides, des vagues de l'océan. Elle intégrerait plus tard intentionnellement ces mouvements de la mer dans ses premiers ballets, à l'origine de ce qui est maintenant connu comme la danse moderne.

La beauté nous transporte. Et il y a même des preuves encourageantes que notre sentiment de ce qui est en fait beau s'étend. De 500 apr. J.-C. environ jusqu'au cours des années 1500, les chefs chrétiens jetaient systématiquement le discrédit sur les topographies irrégulières du monde. Les littoraux accidentés, les plissements déformés des hauteurs montagneuses, étaient une mascarade. Insultant l'état de perfection qui existait peu après la création, ce qu'ils affirmaient, quand la Terre était ronde, lisse et si joliment ordonnée. Quand c'était un « œuf cosmique », ou un « œuf du monde ». Des caractéristiques naturelles de travers, asymétriques, selon ces ecclésiastiques, apparurent après les eaux de crue bibliques, placées par Dieu ici-bas pour nous rappeler nos mauvaises voies.

Tout cela commença à changer au XVIIe siècle, lorsque la curiosité pour les topographies « irrégulières » prit son essor. Les artistes du paysage commencèrent à révéler la nature, non pas comme la cachette du diable, mais comme une source de rajeunissement spirituel. Les poètes et les écrivains de l'Occident devinrent disposés à lier leurs notions lyriques personnelles de la Terre aux domaines émergents de la science. Comme mentionné auparavant, du télescope seul de Galilée découla un sentiment phénoménal de possibilité ; « *psychology of infinity* », la « psychologie de l'infini », comme le poète et philosophe Henry More le décrit.

Lui emboîtant le pas, le philosophe Anthony Ashley-Cooper, troisième comte de Shaftesbury, commença à voir de la magnificence même dans les régions les plus arides du monde. De vastes déserts qui, au premier regard, pouvaient sembler horribles, dit-il, n'étaient pas sans une certaine beauté singulière.

Dans la chaleur d'un après-midi de juin, à la fin des années 1990, j'arrêtai mon véhicule sur la route 53, dans le nord du Minnesota, pour me rendre à pied dans les rues de Duluth, puis monter jusqu'à la modeste petite maison au bord du lac d'une ancienne Ojibwée. Cela faisait exactement une semaine depuis ma visite à South Bend à Pearl, ma voisine d'autrefois de 93 ans, toujours sur ce trajet au volant de mon minivan de plus de 6 435 km pour traverser le pays, et apprendre des gens qui n'avaient jamais perdu le contact avec la nature. Plusieurs Amérindiens avec qui je m'étais entretenu dans le Minnesota m'avaient parlé de cette conteuse ojibwée en particulier. Je lui avais téléphoné pour lui demander si elle serait disposée à me parler.

– Oui, avait-elle dit doucement. Mais je ne sais que ce que je sais.

Le jour où nous nous sommes rencontrés était frais, mais inondé de soleil. Même actuellement, je me souviens encore de l'odeur du lac Supérieur me parvenant par les fenêtres ouvertes de sa cuisine, où nous étions assis à une table en chêne usée baignée de la lumière d'été. À un moment, après avoir discuté une heure ou à peu près, elle posa ses bras bronzés sur la table, les paumes tournées vers le haut, et commença à me raconter une histoire qui, peut-être plus que toute autre, a changé ma vie.

C'était il y a longtemps au pays des arbres. La Femme Esprit avait donné naissance à des jumeaux humains. Maintenant, il se trouva que la tâche incombait au peuple des animaux de prendre soin de ces bébés, et ils s'y dévouèrent – en les pouponnant, impatients de répondre à chacun de leurs besoins. L'Ourse les réchauffait au petit matin en les serrant contre sa poitrine velue. Puis, chaque jour, à l'aube, le Castor arrivait, et lui prenait les bébés pour les emmener sur la rive d'un lac à proximité, où il les plongeait dans l'eau, avant de les déposer dans la prairie au soleil pour les sécher.

Puis c'était le tour du Chien. Celui-ci prenait son travail plus au sérieux que quiconque. Quand des mouches arrivaient et embêtaient les bébés, il cherchait à les mordre pour les chasser de là. Quand les jumeaux étaient grognons, de mauvaise humeur à cause des coliques, il leur chatouillait le ventre de sa truffe froide, humide, et les faisait rire. Si cela ne marchait pas, il sautait en l'air et faisait toutes sortes de tours astucieux. Biche leur donnait du lait dans la journée. La nuit, les oiseaux chantaient pour les endormir.

Mais quelque chose n'allait pas. Et un matin, l'Ourse rassembla son courage pour en parler.

– Nous les nourrissons et prenons soin d'eux comme s'ils étaient nos propres enfants, dit-elle. Pourtant, ils ne se tiennent pas debout. Ils ne courent pas, ils ne jouent pas.

Tout le monde savait précisément ce dont elle parlait.

– D'accord, dit le Chien, ayant déjà pensé à un plan. Nanabush, le fils du Vent d'Ouest, arrive demain. Il est intelligent. Il saura que faire.

Et comme on pouvait s'y attendre, le lendemain, Nanabush arriva. Parce que Nanabush vient toujours quand le peuple des animaux a besoin de lui. Il examina les bébés dans la prairie, écoutant durant tout ce temps en hochant la tête, alors que le peuple des animaux expliquait le problème.

– Tout d'abord, leur dit-il finalement, vous avez bien travaillé en prenant soin de ces bébés humains. Je pense même que vous avez peut-être trop bien travaillé. Les petits de toutes les créatures ne grandissent pas quand on fait tout pour eux. Ils grandissent en essayant d'obtenir ce qu'ils veulent, et en faisant des efforts pour cela.

Mais tout aussi intelligent que soit Nanabush, il n'avait pas la moindre idée pour y remédier. Par conséquent, comme il l'avait fait d'innombrables fois dans le passé, il se prépara pour un long voyage vers l'ouest, jusqu'à un certain haut sommet dont il avait entendu parler – peut-être situé ici même, dans les monts Beartooth – pour demander au Grand Esprit ce qu'il convenait de faire.

Nanabush quitta le pays des arbres, et commença la longue marche à travers la prairie, atteignant cette montagne après des semaines de voyage difficile. Ne s'épargnant aucun effort, il monta jusqu'au sommet, et une fois là, appela le Grand Esprit. Et le Grand Esprit se présenta. Parce que le Grand Esprit vient toujours quand Nanabush l'appelle. Après avoir expliqué la situation difficile, Nanabush fut averti qu'il fallait commencer à ratisser le sommet de cette gigantesque montagne pour trouver une espèce particulière de pierre colorée, étincelante.

– Rassemble chacune d'elles en une grosse pile, ici même, dit le Grand Esprit.

C'était un énorme travail. Mais Nanabush avait suffisamment d'expérience pour savoir qu'il était inutile d'essayer de négocier pour avoir une tâche plus facile. Il se mit à les ramasser. Jour après jour, après jour, jusqu'à ce que, finalement, une énorme pile fût constituée jusqu'à la dernière de chaque pierre colorée.

Mais qu'était-il censé faire ensuite ? D'une heure à l'autre, il resta assis là, espérant d'autres instructions du Grand Esprit. Mais pas un seul mot. Finalement, à cause de l'ennui, Nanabush commença à lancer les pierres en l'air, tout d'abord l'une après l'autre, puis à pleine poignée. Il inventa des jeux. Il apprit à jongler. Puis, un matin, alors que le soleil dépassait tout juste de l'horizon à l'est, il prit une énorme poignée de pierres et les lança haut dans les airs. Seulement, cette fois, elles ne retombèrent pas. Cette fois, elles changèrent, se transformant de pierres en créatures ailées des plus magnifiques que Nanabush ait jamais vues. C'étaient les premiers papillons du monde.

Il sut alors ce qu'il devait faire. Il se fraya un chemin pour redescendre de la montagne, et commença le long voyage de retour à travers la prairie, entouré tout ce temps par une nuée couvrante, éclatante et voletante de papillons. Enfin de retour au pays des arbres, et auprès des bébés, les jumeaux dans l'herbe levèrent les yeux et furent fous de joie. Les bras dressés vers le ciel, ils firent de leur mieux pour attraper les papillons dans leurs menottes potelées. Bien évidemment, ce n'est pas du tout la méthode pour attraper un papillon. Très bientôt, ils commencèrent à les suivre à quatre pattes. Quelques semaines passèrent, et ils étaient sur leurs pieds, cherchant encore à les atteindre, essayant toujours. Avec le temps, ils marchèrent. Et puis, sans tarder, ils couraient dans les bois et à travers les prairies, essayant d'attraper ne serait-ce qu'une seule de ces magnifiques créatures ailées.

– Et c'est ainsi, dit l'Ojibwée, que les papillons apprirent aux enfants à marcher.

Je la remerciai. Nous nous sommes dit ensuite peu de choses, mais alors que je me levais pour partir, l'ancienne posa la main sur mon épaule. Elle avait une instruction. Si je racontais cette histoire, dit-elle, ce qu'elle espérait que je ferais, il fallait que je comprenne quelque chose. Il fallait que je me rende compte que son peuple ne gardait pas cette histoire vivante parce qu'il avait besoin qu'on lui rappelle de ne pas donner à ses enfants tout ce qu'ils veulent.

– Nous le savons, dit-elle. Nous nous servons plutôt de cette histoire quand nous sommes bloqués. Quand nous sommes submergés par la tristesse, ou la colère, ou quand nous perdons espoir. L'histoire nous dit de commencer par guérir notre relation avec la beauté. La beauté nous aide de nouveau à avancer.

Je suis rentré chez moi dans le Montana. J'ai écrit. J'ai marché dans les montagnes et pensé à l'histoire des papillons. Les années ont passé, et, un jour, je me suis retrouvé dans le pays des canyons gracieusement sinueux du Sud-Ouest, pour y faire la chronique d'un programme de thérapie fondée sur l'empathie, dans la nature, s'adressant à des ados supposément à risque.

L'une de mes premières soirées avec ces huit jeunes filles de 14 à 18 ans, nous étions assis autour d'un feu de camp ; ayant compris que j'étais écrivain, elles me demandèrent si je connaissais des histoires. La question me prit par surprise. Je fis défiler une histoire après l'autre dans ma tête, inquiet que ce que je connaissais puisse sembler mièvre ou ennuyeux à des filles ravagées par l'héroïne, la dépression ou la maltraitance. C'est alors que j'ai pensé à ces papillons. J'ai pris une respiration et j'ai commencé à raconter. Elles écoutaient, attentivement. En se rapprochant de plus en plus du feu. À la fin, elles souriaient et hochaient la tête en silence. Plusieurs d'entre elles pleuraient.

Je les ai observées, écoutées, et j'ai appris de ces jeunes filles ce printemps-là. Et j'ai continué à prendre des nouvelles de plusieurs d'entre elles sur une année, après qu'elles eurent quitté la pleine nature, apprenant comment leur guérison leur permettait de s'en sortir en général, de retour dans le monde.

L'une des filles de qui je prenais régulièrement des nouvelles s'appelle Alexis. Comme beaucoup d'entre elles, elle venait d'une famille de la classe moyenne supérieure, étant arrivée dans l'Utah à 16 ans, sa vie anéantie par une addiction à l'héroïne de trois ans. Elle était une experte de toutes sortes d'interventions inimaginables, de vingt-huit jours de confinement dans divers établissements traitant la toxicomanie, à une série infinie de séances de thérapie individuelle ou de groupe, et même deux brefs séjours, mais effrayants, à la prison d'Anaheim. Alexis et moi nous sommes rencontrés sur le Slickrock, ou « rocher lisse », la pente la plus prononcée du sentier. Elle était furieuse. Amère de finir par se retrouver au beau milieu de nulle part, dans un coin paumé.

Une année après avoir terminé le programme dans les contrées sauvages, nous nous sommes entretenus au téléphone.

– Je vais te dire, commença-t-elle. La nature a ruiné ma défonce. Deux mois après être rentrée à la maison, j'ai repris la came. Mais j'ai arrêté. Je m'en suis éloignée. J'en savais trop.

Au cours de la prochaine demi-heure ou à peu près, elle me confia certaines de ses pensées sur ce qui s'était passé, là-dehors, pour qu'un tel changement soit possible.

– C'était la première fois que j'ai connu la beauté, me dit Alexis à un moment. Une beauté si profonde que ça en faisait presque mal.

Elle était loin d'être la seule à mentionner ce cadeau particulier de la nature – cette reconnaissance de la beauté pour la première fois. Et malgré ce que l'ancienne Ojibwée m'avait dit toutes ces années plus tôt, que la beauté de la nature aiderait les hommes à trouver leur voie, qu'elle nous aiderait de nouveau à avancer, j'étais franchement étonné que cela puisse être une guérisseuse aussi puissante de l'âme humaine. J'ai dit à Alexis qu'il me semblait triste que quelqu'un puisse vivre seize années sans jamais connaître de telles choses.

Le téléphone resta silencieux.

– Je devrais rectifier, dit-elle finalement. Je savais ce qu'était la beauté à une époque.

Puis elle poursuivit en me racontant en détail comment, à 7 ans, elle alla passer une semaine dans la cabane de son oncle, près du lac Big Bear, dans les montagnes de San Bernardino. À patauger dans les ruisseaux, à cueillir des fleurs à poser en bouquet sur la table. Mais principalement, elle dit qu'elle était allée avec son oncle au sommet du Castle Rock. Là-haut, par chance, elle avait aperçu un faucon volant à proximité, au niveau de l'œil, si près qu'elle percevait le bruit de ses ailes battant l'air. Elle avait levé les yeux vers son oncle, et lui avait dit qu'elle voulait avoir des ailes, pour voler comme ça. Il lui avait dit que c'était un très beau rêve, qu'elle devrait faire de son mieux pour ne pas le perdre.

– Peu de temps après, mes parents ont divorcé. En plein milieu de tout ça, mon frère a été tué par un conducteur bourré. Tout s'est désintégré.

En ce moment même, au moins vingt ans après m'être promené pour la dernière fois avec elle dans la sauge et la bigelovie du sud de l'Utah, Alexis est infirmière en pédiatrie et la maman de deux enfants. La dernière fois que je lui ai parlé, elle maintenait toujours que son séjour dans les contrées sauvages avait été l'expérience la plus importante dans sa vie. Et curieusement, les raisons qu'elle donna pour expliquer ce sentiment n'ont pas changé : entre autres, c'était là où la beauté était venue à sa rencontre et l'avait prise par la main. Là où elle avait finalement trouvé sa place dans ce monde plus vaste – là-dehors dans les bois de trembles en altitude sur Boulder Mountain, et dans des dizaines de ravins secrets et de tranquilles canyons en fente du Red Desert.

– L'été dernier, nous avons emmené nos deux filles à Castle Rock, me dit-elle. Elles étaient aussi excitées que moi quand j'étais enfant. Elles ont adoré. Peut-être qu'elles y repenseront et essaieront de retrouver ce sentiment quand elles seront plus grandes, quand elles en auront vraiment besoin.

La nature nous attire, disait Ralph Waldo Emerson, « parce que ce même pouvoir qui voit par [nos] yeux se voit dans ce spectacle ». En nous laissant ensorcelés par la beauté de la nature, nous pourrons toujours sortir de notre moi à part, du cycle de lutte, d'anxiété et d'ennui qui peut si facilement creuser des ornières dans notre vie. Vraiment, tout ce que nous avons à faire, c'est d'être présents, prendre une respiration, apaiser notre esprit.

Lors d'un événement remontant au XVIe siècle, de puissants chefs religieux se réunirent à Rome pour discuter d'une crise en plein essor dans l'Église catholique. Cette crise était d'ordre existentiel. Elle était désignée par « *acedia* », ou « acédie » – mieux décrite par une sorte de légère dépression trouble. Cela se manifestait chez les fidèles par une tristesse qui, pour des raisons que personne ne parvenait à expliquer, semblait se propager tel un cancer dans la majeure partie de l'Europe. Après des mois pour essayer de cerner le problème, en vain, on dit que les pères de l'Église firent appel à Thomas d'Aquin, ce pieux et brillant détective spirituel. Fidèle à sa réputation, le futur saint ne s'épargna aucun effort – priant, jeûnant, visitant des centaines d'églises et des milliers de fidèles. Après presque deux ans, il retourna à Rome pour y rendre compte de ses découvertes. Les gens souffraient d'acédie, dit-il, parce qu'ils avaient perdu leur aptitude à entrer en relation avec la beauté du monde naturel.

Le naturaliste du XIXe siècle, John Richard Jefferies, fait écho à l'antidote contre l'acédie. Tel qu'il l'écrivit, la beauté exceptionnelle de la Terre « produit une nouvelle pensée à chaque pétale. Les heures où l'esprit est absorbé par la beauté sont les seules heures où nous vivons vraiment, par conséquent, plus nous pouvons rester parmi ces choses, d'autant plus est arraché à l'inexorabilité du Temps. »

Nous pouvons assurément finir par nous distancer de la beauté de la nature en ayant à lutter contre tout ce qui semble requérir notre attention – en raison d'une vie et un monde semblant en mouvement constant, de plus en plus vite, et bruyamment. Mais simultanément, je soupçonne que notre éloignement de la beauté est accentué par une tristesse grandissante, voire la culpabilité, face à ce qui arrive à notre planète – aux incendies ravageant nos communautés, aux incidences d'ouragans et de tempêtes intensifiées par ce que nous, les hommes, avons fait.

Nous n'aimons pas trop ces sentiments. La ruée de la vie quotidienne permet bien trop facilement d'éluder cette tristesse et cette culpabilité, tout en évitant ces relations mêmes avec la Terre qui pourraient nous aider. C'est ce que les psychologues appellent « *unprocessed loss* », la « perte non traitée », et dès maintenant, cela nous demande d'entreprendre activement une sorte de voyage pour évacuer le chagrin. Une réconciliation. Une excursion sincère, intentionnelle, dans cette honte collante que nous éprouvons parfois en constatant comment nous avons laissé tomber notre planète.

Mais alors qu'il est utile d'assumer nos responsabilités, de nous asseoir un moment avec nos sentiments de regret, cela n'en est pas moins vrai : en dépit des actualités du soir exagérant en interprétant les ouragans et les feux de forêt comme une manifestation de la colère de la nature, celle-ci ne nous hait pas, nous les hommes, pour l'oppression et le mal que nous lui avons fait subir. La haine, la fureur et la colère ne viennent finalement que de nous. La Terre continue – croissant et décroissant, fluctuant et refluctuant, réchauffant et fleurissant.

La beauté est juste là, facilement à portée. Vous pouvez la sentir sous les branches d'un vieil érable un après-midi d'été, lorsque dans un doux sursaut, léger, il vous vient à l'esprit qu'il n'y a pour vous aucune action à entreprendre, aucun problème à résoudre, aucun plan à échafauder. Seulement l'ombre, le soleil, le murmure de la brise dans les feuilles.

Et un échange extraordinaire ne demandant aucun effort. Vous, à chaque expiration, prenant soin de l'arbre. L'arbre, à son tour, apportant de l'oxygène à votre prochaine inspiration.

Et c'est ainsi que tourne le monde.

Et c'est ainsi que vous contribuez à faire tourner le monde.

REMERCIEMENTS

Mes sincères remerciements à mon extraordinaire agente, Alice Martell, pour sa confiance éclatante, inébranlable, envers *Les Huit Enseignements majeurs de la nature*. De l'idée de départ à la publication finale, elle a été une excellente conseillère, et a défendu ce projet avec détermination. De même, toute ma gratitude infinie à mon éditeur chez Dutton Books, John Parsley ; merci, John, d'avoir prêté tes talents éblouissants aux tâches de couper, mettre de côté, reformuler pour perfectionner ce manuscrit, afin d'en révéler clairement les idées fondamentales.

Je suis aussi honoré de remercier une longue liste de brillants scientifiques, historiens et philosophes. En particulier, tous mes remerciements à un merveilleux groupe de biologistes, d'anthropologues, de généticiens, de physiciens, de mythologues, d'écologistes et de psychologues des universités Harvard et de Cambridge, de l'État de l'Iowa, Cornell et du nord de l'Arizona ; ainsi que des universités de l'Illinois, d'Édimbourg, de Reading, du Sussex, de Californie, de l'État du Montana, de Washington, et de la Colombie-Britannique. Merci aussi aux femmes et aux hommes prodigieusement compétents de la NASA, de la National Oceanic and Atmospheric Administration (l'Agence américaine d'observation océanique et atmosphérique), et du National Park Service (l'agence dépendant du gouvernement fédéral des États-Unis, chargée de gérer les parcs et les monuments nationaux, ainsi que quelques autres propriétés historiques et zones protégées du domaine fédéral).

Je n'oublie pas le Dr Eduardo Duran, psychologue, dont le bon cœur et la vision pointue m'ont aidé à accueillir la beauté et la grâce infinies, malgré le bruit et la confusion de la vie quotidienne.

Pour finir, j'offre ma gratitude la plus profonde à la lumière de ma vie – mon étonnante épouse et associée, la Dre Mary M. Clare. Au cours de milliers de kilomètres, littéralement, passés à marcher ensemble – sur des sentiers de randonnée, sur des routes dans la nature et des trottoirs en ville –, elle a été une étincelle, ainsi que nourrissante pour bon nombre des idées fondatrices de ce livre. De plus, alors que ce projet touchait à sa fin, elle a proposé, encore et encore, avec gentillesse, des révisions profondément réfléchies. Je suis en admiration face à Mary et à ses dizaines d'années d'érudition en psychologie sociale et du développement, et, simultanément, à sa passion et à ses compétences sans limites quand il s'agit d'encourager la quête profonde de données authentiques, chez elle autant que chez les autres. Elle est une bénédiction pour ce monde.

Et pour moi.

Et pour ces pages.

AU SUJET DE L'AUTEUR

Les articles de Gary Ferguson ont paru dans une grande diversité de publications aux États-Unis. Il est aussi l'auteur de vingt-cinq livres sur la nature et la science, dont *The Carry Home: Lessons from the American Wilderness,* récompensé en 2015 du prix Book of the Year award du Sigurd Olson Environmental Institute. Invités fréquemment à la National Public Radio, Gary et son épouse, la D^re^ Mary Clare, sont les cofondateurs de Full Ecology. Visitez le site (en anglais) pour plus d'informations : www.fullecology.com

Achevé d'imprimer en février 2021
sur les presses de la Nouvelle Imprimerie Laballery
58500 Clamecy
Dépôt légal : février 2021
N° d'impression : 102175

Imprimé en France

La Nouvelle Imprimerie Laballery est titulaire de la marque Imprim'Vert®

Composition et maquette : Soft Office